Travaux pratiques avec Word 2007 et 2010

Travaux pratiques avec Word 2007 et 2010

Christine Eberhardt

Mise en pages réalisée par ARCLEMAX
Couverture :
MATEO

ISBN 978-2-10-057817-7

Table des matières

Documents longs

Transformer, protéger et partager un document

Impression et publipostage

Avant-propos

Word a dépassé depuis longtemps le cadre d'un simple logiciel de traitement de texte. Il inclut de plus en plus des fonctionnalités autrefois réservées à des logiciels spécialisés de mise en page ou de traitement d'image. Grâce aux TP de cet ouvrage, vous allez découvrir avec quelle facilité vous pouvez vous exprimer et communiquer au travers de documents bien conçus et agréables à lire.

Beaucoup estiment que nous sommes désormais à l'ère numérique et que nous allons abandonner peu à peu le support papier au profit de tous types de supports de lecture électroniques. Word permet justement dans ce cas de créer toutes sortes de documents électroniques. C'est l'outil idéal pour enregistrer et organiser ses données texte et graphique, ainsi que ses images.

L'objectif de ces TP n'est pas d'expliquer une par une toutes les fonctionnalités de Word mais de fournir un mode d'emploi pour obtenir différentes sortes de documents. Vous ne trouverez pas d'explications détaillées et rébarbatives sur chaque fonction et caractéristique, mais plutôt des explications pratiques sur les façons concrètes de procéder. Si vous cherchez le mode d'emploi d'une fonction, référez-vous à l'index puis lisez le ou les TP dans lesquelles elle est utilisée. Vous bénéficiez ainsi d'une description en situation.

Tout au long de cet ouvrage nous supposons :

- Qu'une version 2007 ou 2010 de Word est installée sur votre ordinateur.
- Que vous maîtrisez toutes les techniques de base de clic, double-clic, copier-coller en informatique.
- Que vous avez téléchargé et installé les fichiers source des exercices employés dans ce livre depuis le site Dunod (www.dunod.com).
- Que vous savez déjà utiliser les fonctions de base de Word.

Présentation des exercices

BLOC-NOTES
À chaque début d'exercice un bloc-notes vous indique le numéro du TP. Ce numéro est utile car il sert de référence pour d'autres exercices.

INTRODUCTION
L'introduction procure des indications sur l'exercice à venir et contient un encadré précisant les TP éventuellement prérequis et les fichiers d'exercice employés (à télécharger sur le site www.dunod.com). Le temps de réalisation est une estimation du nombre de minutes à accorder par exercice.

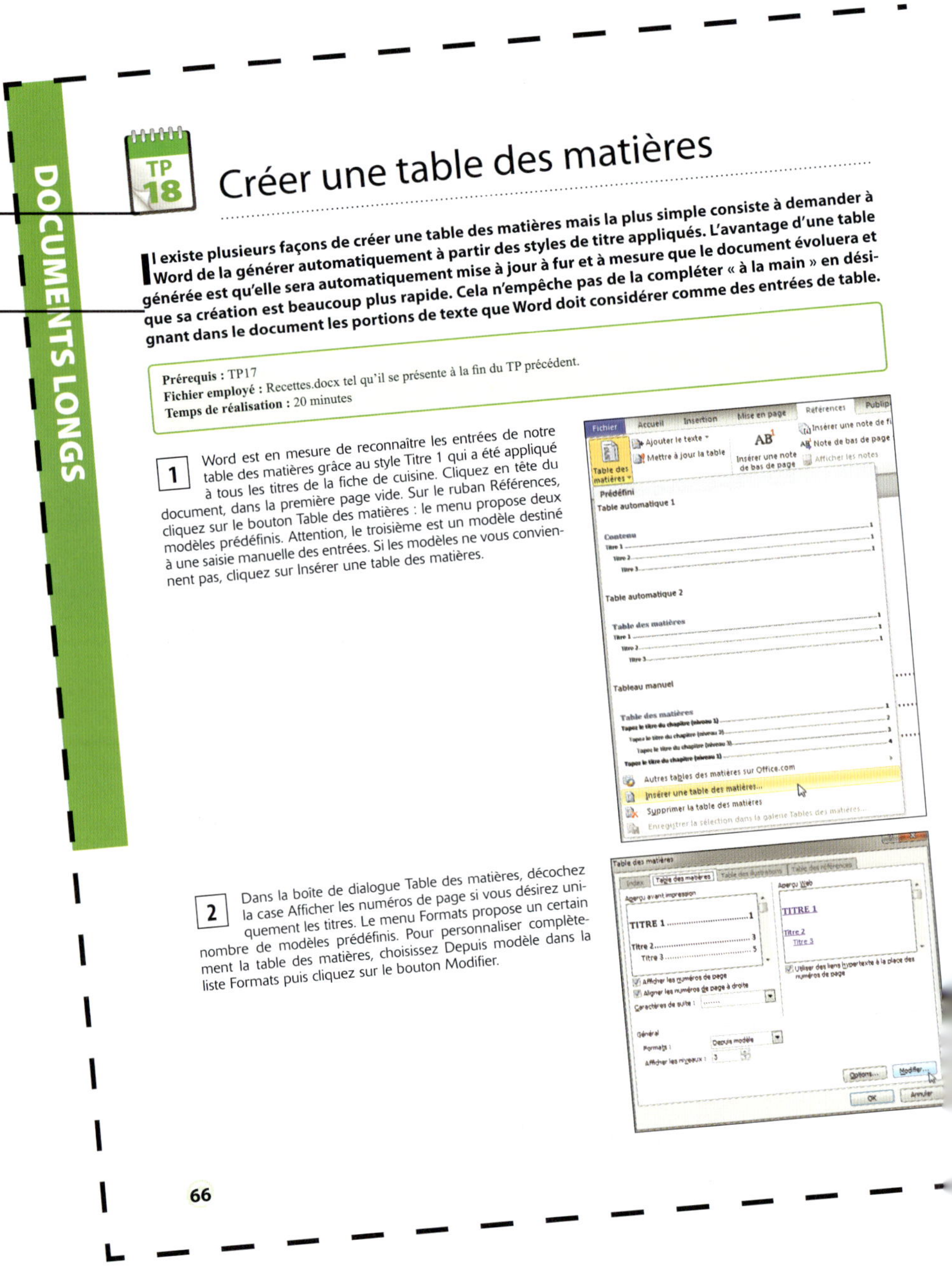

DOCUMENTS LONGS

TP 18

Créer une table des matières

Il existe plusieurs façons de créer une table des matières mais la plus simple consiste à demander à Word de la générer automatiquement à partir des styles de titre appliqués. L'avantage d'une table générée est qu'elle sera automatiquement mise à jour à fur et à mesure que le document évoluera et que sa création est beaucoup plus rapide. Cela n'empêche pas de la compléter « à la main » en désignant dans le document les portions de texte que Word doit considérer comme des entrées de table.

Prérequis : TP17
Fichier employé : Recettes.docx tel qu'il se présente à la fin du TP précédent.
Temps de réalisation : 20 minutes

1 Word est en mesure de reconnaître les entrées de notre table des matières grâce au style Titre 1 qui a été appliqué à tous les titres de la fiche de cuisine. Cliquez en tête du document, dans la première page vide. Sur le ruban Références, cliquez sur le bouton Table des matières : le menu propose deux modèles prédéfinis. Attention, le troisième est un modèle destiné à une saisie manuelle des entrées. Si les modèles ne vous conviennent pas, cliquez sur Insérer une table des matières.

2 Dans la boîte de dialogue Table des matières, décochez la case Afficher les numéros de page si vous désirez uniquement les titres. Le menu Formats propose un certain nombre de modèles prédéfinis. Pour personnaliser complètement la table des matières, choisissez Depuis modèle dans la liste Formats puis cliquez sur le bouton Modifier.

66

DOCUMENTS LONGS

3 Les styles intitulés TM 1, TM 2, etc. sont respectivement les styles des niveaux 1, 2, etc., de la table des matières. Sélectionnez TM 1 puis cliquez sur le bouton Modifier. Dans la boîte de dialogue Modifier le style, choisissez la police et la taille d'affichage pour le texte du premier niveau de la table des matières. Recommencez éventuellement avec les niveaux 2 (TM 2) et 3 (TM 3). Cliquez deux fois sur OK pour fermer les boîtes de dialogue.

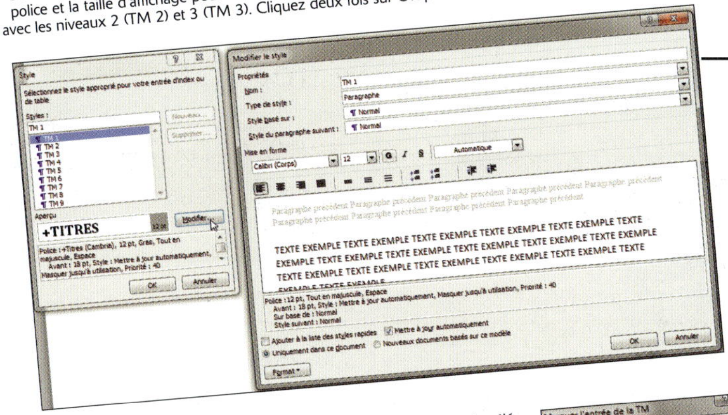

4 Il est parfois intéressant d'intégrer dans une table des matières des éléments non hiérarchiques tels que les légendes de figures. Nous allons introduire par exemple les titres de partie qui n'ont pas été définis volontairement en niveaux de titre. Sélectionnez le premier titre de partie (Entrées) à inclure dans la table des matières. Appuyez sur la combinaison de touches ALT+MAJ+O.

5 Dans la boîte de dialogue Marquer l'entrée de la TM, cliquez sur Marquer. Pour marquer les entrées suivantes, sélectionnez un à un les titres de partie, cliquez dans la zone Entrée, puis sur Marquer. Si les caractères masqués sont affichés (bouton ¶ sur Accueil), vous voyez apparaître du code au niveau de chaque définition : il s'agit d'un champ d'entrée TC de table des matières.

ENTRÉES{·TC·"**ENTRÉES**"·\f·C·\l·"1"·}

6 L'étape suivante consiste à modifier le champ de la table des matières elle-même afin qu'elle prenne en charge les entrées que vous venez d'ajouter. Positionnez-vous sur la première page et appuyez sur Alt+F9. La table des matières générée est remplacée par le code de son champ. Cliquez à la fin du champ et ajoutez \F.

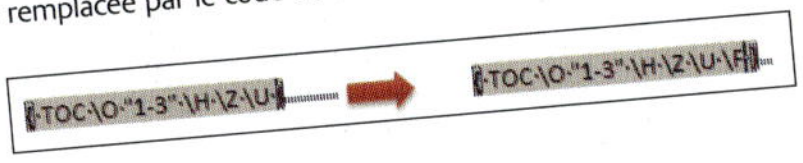

CAPTURES
Les copies d'écran présentées dans ce livre sont réalisées avec Word 2010 sur un ordinateur exécutant Windows 7. Si vous possédez un autre système d'exploitation ou bien Word 2007, ou si la fenêtre de votre programme est de taille différente, vous êtes susceptibles de remarquer certaines différences.

ZOOM
Lorsque cela est nécessaire, les captures d'écran sont recadrées sur la zone nécessaire à la compréhension.

PUCE
Les puces des pas à pas vous aident à suivre l'ordre de lecture de l'exercice.

L'interface de Word

Depuis Word 2007, l'interface utilisateur a pris la forme d'un **Ruban**. Les fonctions qui permettent d'agir sur les éléments d'un document sont rassemblées dans des **onglets**, tandis que les fonctions de gestion générale du document se trouvent en un emplacement unique situé à l'extrémité gauche du ruban : le **bouton Office** pour Word 2007 ou l'onglet **Fichier** pour Word 2010. Lorsque vous cliquez sur le bouton Office ou sur l'onglet Fichier, Word passe en mode **Backstage**. Ce mode rassemble toutes les fonctions générales de gestion d'un document ou classeur Excel, dont l'ouverture, l'enregistrement ou l'impression d'un document. Les captures d'écran présentées dans ce livre ont été réalisées à l'aide de Word 2010. Si vous travaillez avec Word 2007, cliquez sur le bouton Office chaque fois que nous demanderons de cliquer sur l'onglet Fichier.

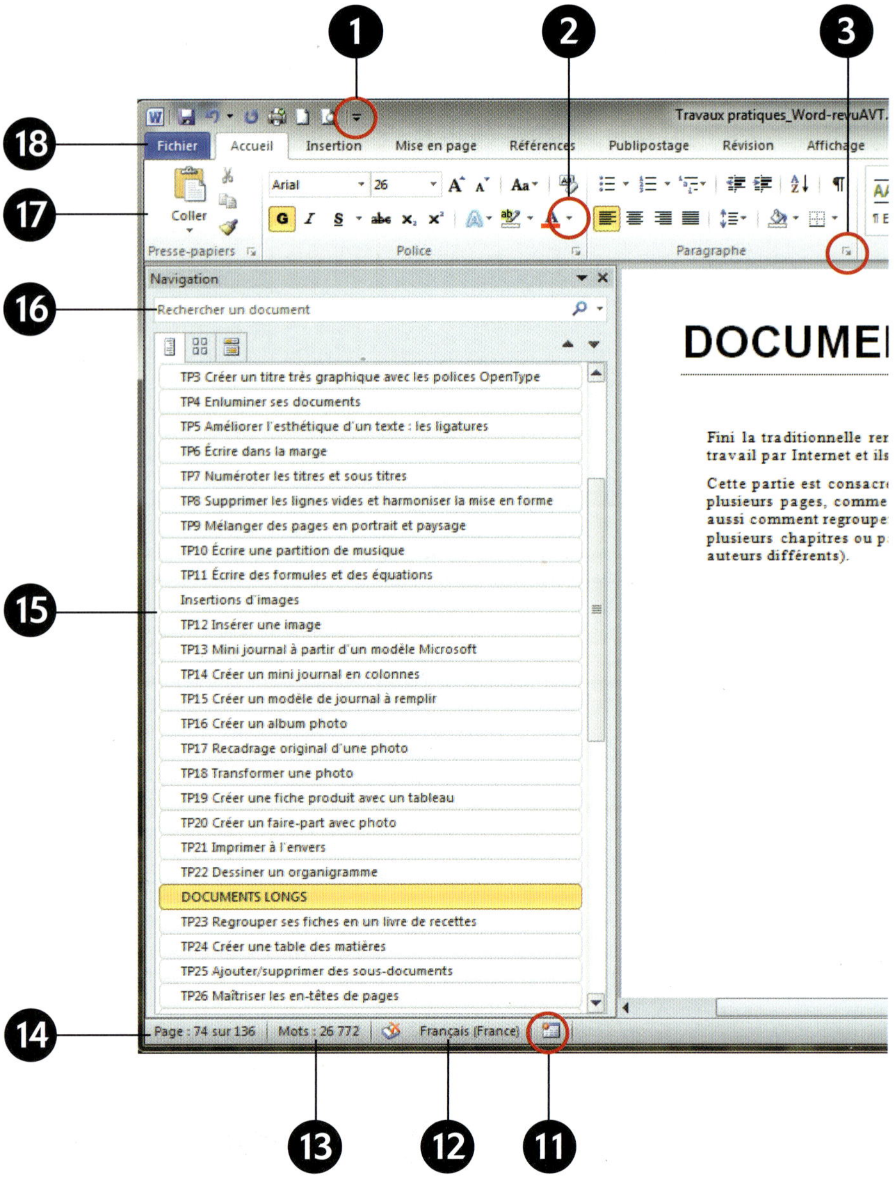

1. Menu de la barre d'outils Accès rapide
2. Menu déroulant
3. Lanceur de boîte de dialogue
4. Groupe
5. Barre de contrôle de galerie
6. Barre de contrôle de la fenêtre
7. Bouton Réduire le ruban
8. Aide
9. Zoom
10. Modes d'affichage
11. Enregistreur de macro
12. Cliquez ici pour changer les options de langue et de correction d'orthographe et de grammaire
13. Cliquez ici pour afficher les statistiques
14. Pagination
15. Volet de navigation
16. Champ Rechercher
17. Ruban
18. Onglet

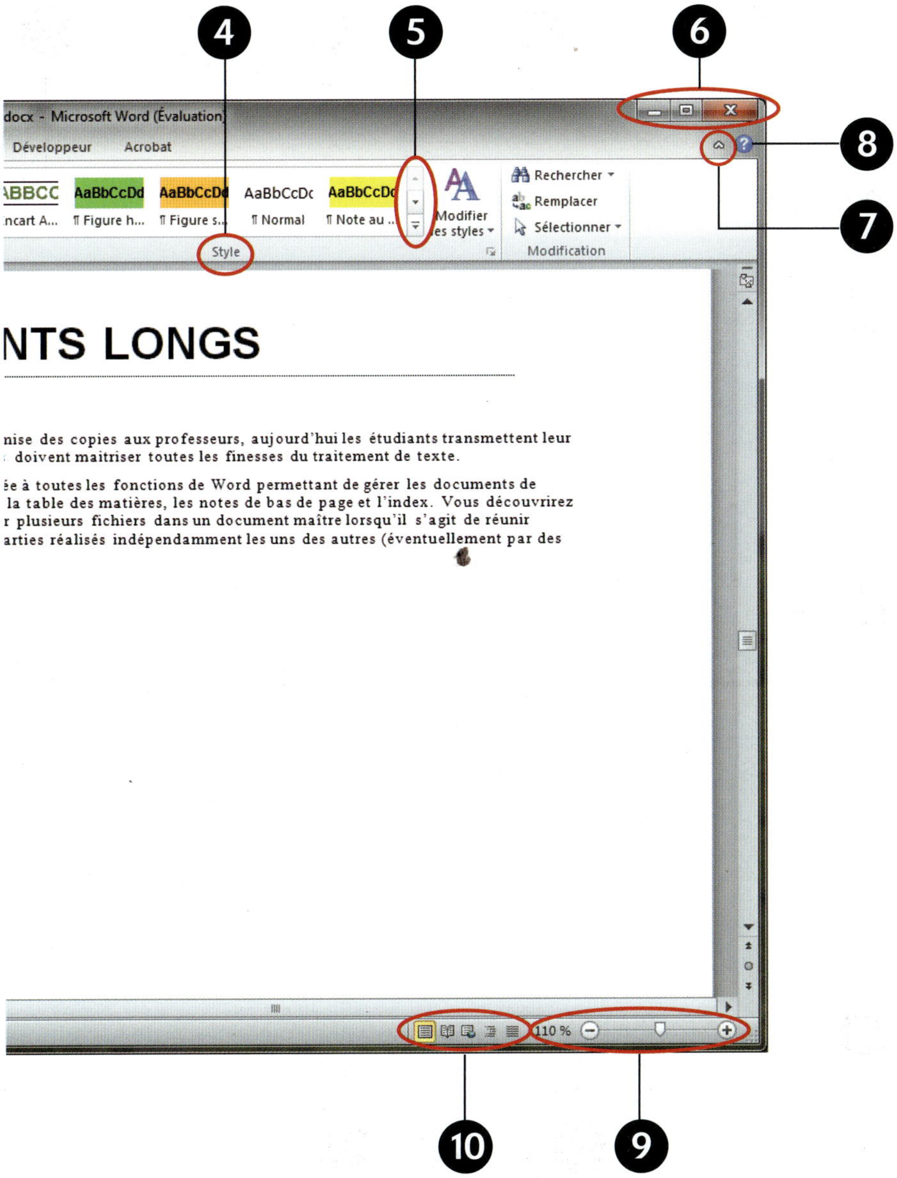

Mise en page et mise en forme

Les TP de cette première partie sont consacrés aux fonctions avancées de mise en page et de mise en forme, comme l'organisation et l'orientation du texte dans la page, l'esthétique du document et la saisie d'éléments très spécifiques telles des formules mathématiques.

Vous y découvrirez aussi comment créer et manipuler un des éléments les plus importants pour vous affranchir des contraintes de mise en page de Word : la zone de texte.

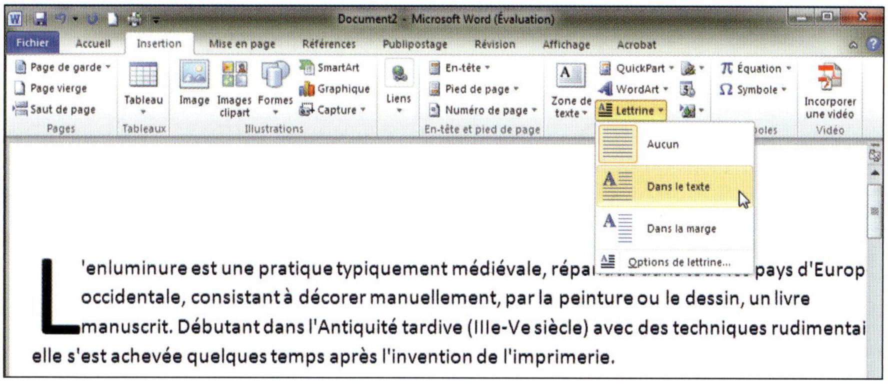

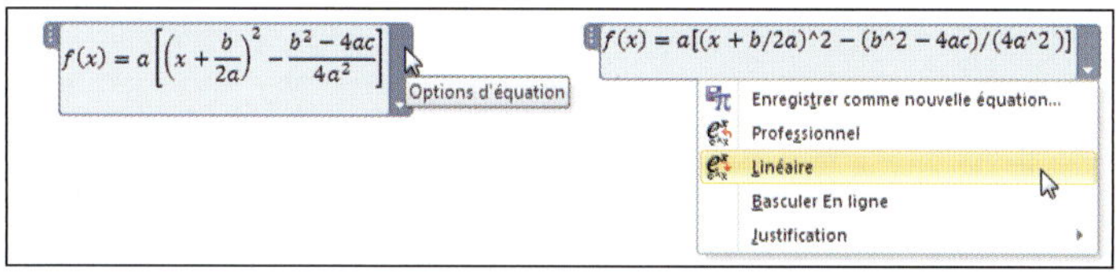

D'autres travaux pratiques, disponibles sur le site www.dunod.com, vous expliquent comment améliorer davantage la mise en page et la mise en forme de votre texte, en utilisant les polices Open Type pour créer un titre graphique, en ajoutant des ligatures, en supprimant les lignes vides et en numérotant les titres et sous-titres de votre document. Vous apprendrez également comment écrire une partition de musique dans un document Word.

TP 1 Modifier les styles pour un modèle de fiche cuisine

Tout le monde est capable de saisir du texte au clavier, avec une dextérité plus ou moins grande. La mise en forme est plus technique, mais vous ne devez pas négliger son importance. Il n'est pas très difficile de mettre en forme le texte, mais en le faisant de la bonne façon, vous évitez les manipulations répétitives. L'outil que vous devez absolument maîtriser dans ce domaine est l'ensemble des styles, qui permettent d'appliquer automatiquement une mise en forme et une mise en page particulières pour le titre, le texte courant, etc. Inversement, en modifiant un style de titre ou de texte, vous transformez rapidement le document courant qui applique les nouvelles définitions à tous les éléments de ce style qu'il contient.

Prérequis : néant
Fichier employé : Fiche cuisine.docx
Temps de réalisation : 15 minutes

1 Ouvrez le fichier Fiche cuisine.docx qui contient le texte d'une recette. Ce texte a été saisi de bout en bout, sans appliquer la moindre mise en forme, le style appliqué est donc le style Normal par défaut, c'est-à-dire Calibri 11. Vérifiez ces informations en observant le ruban Accueil : dans le groupe Style, c'est Normal qui est encadré en jaune et dans le groupe Police, c'est Calibri et 11 qui sont affichés.

2 Cliquez n'importe où sur la première ligne puis cliquez sur le bouton Titre dans le groupe Style. Vous venez d'appliquer un style de titre à Brioche. La police a changé, il s'agit maintenant de Cambria 26, et une bordure l'isole du paragraphe suivant. De plus, en désignant cette ligne comme celle d'un titre, Word la prendra en compte lors de la construction d'une table des matières si vous décidez d'en créer une.

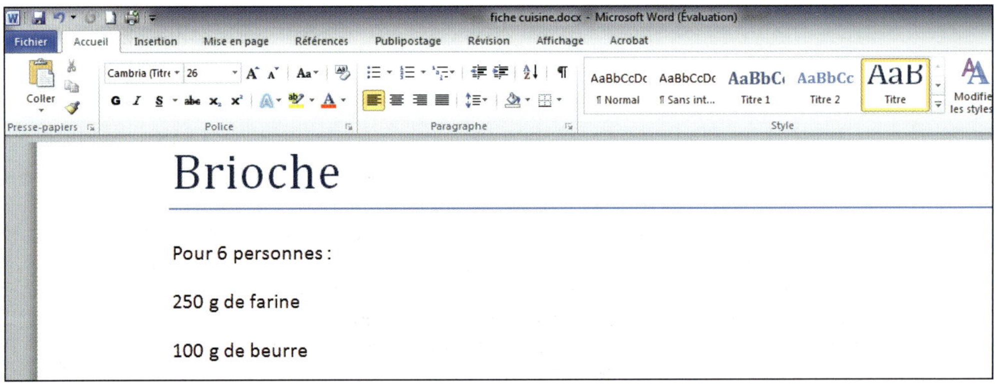

3 Dans une recette de cuisine, le paragraphe des ingrédients apparaît généralement en retrait de la recette elle-même. Pour isoler joliment ce texte, nous allons faire appel aux graphiques SmartArt. Il s'agit de formes géométriques pouvant contenir du texte et/ou des images, avec pour objectif de les présenter de façon très esthétique et structurée. Sur le ruban Insertion, cliquez sur SmartArt.

4 Dans la boîte de dialogue Choisir un graphique SmartArt, cliquez sur Liste pour visualiser l'ensemble des possibilités dans la fenêtre du milieu. À chaque fois que vous cliquez sur une disposition de graphique au milieu, une description apparaît à droite. Cette description précise si les formes sont destinées à présenter des images, ou uniquement du texte comme la liste que nous allons choisir. Cliquez sur Liste verticale avec cercles (ou sur liste ciblée avec Word 2007) puis sur OK.

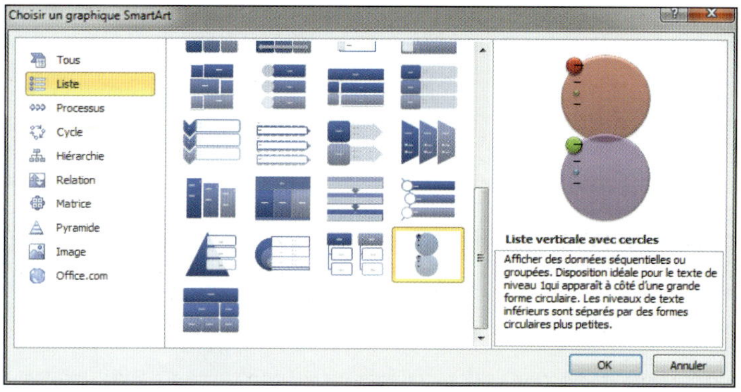

5 Word affiche la disposition choisie avec son volet texte : copiez-collez la première ligne de la liste des ingrédients dans le premier champ texte, puis l'ensemble des lignes suivantes dans le champ texte de second niveau pour que cette liste apparaisse comme une sous-liste. Supprimez les champs texte en surnombre : la seconde forme ronde disparaît.

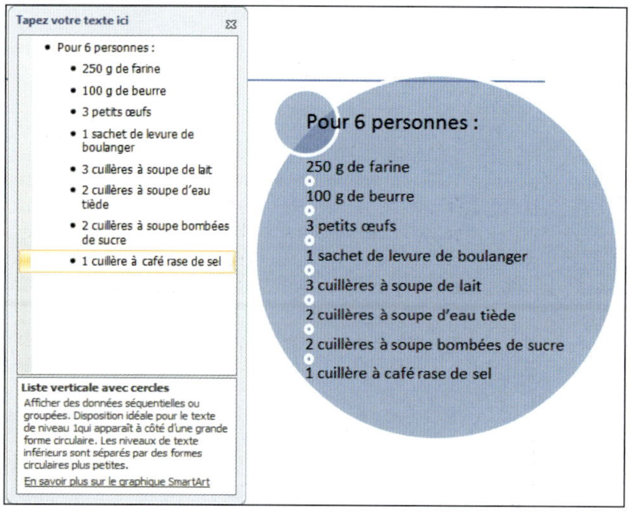

6 Fermez le volet puis déplacez le graphique sous le titre. Pour cette opération, positionnez le pointeur de la souris sur le cadre du graphique jusqu'à ce qu'il se transforme en quadruple flèche, puis cliquez et glissez. Attention, tous les éléments d'un graphique peuvent être déplacés ou redimensionnés, vous risquez donc de déplacer une des formes rondes du graphique plutôt que l'ensemble si le pointeur n'est pas correctement positionné lors de l'opération de glissé-déposé.

7 Maintenant que le graphique SmartArt contient toutes les informations à présenter, affichez le ruban Création des Outils SmartArt (le graphique doit être sélectionné) et cliquez sur le bouton Modifier les couleurs pour sélectionner le thème de votre choix.

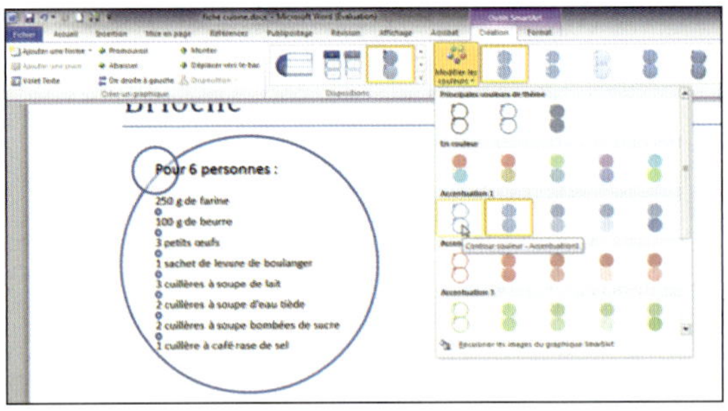

8 Pour afficher les temps de préparation, de cuisson et de repos à droite de ce graphique, la solution la plus simple consiste à insérer une zone de texte. Sur le ruban Insertion, cliquez sur Zone de texte puis sur Zone de texte simple (le premier choix). Copiez puis collez les 3 lignes des temps de la recette dans cette zone de texte.

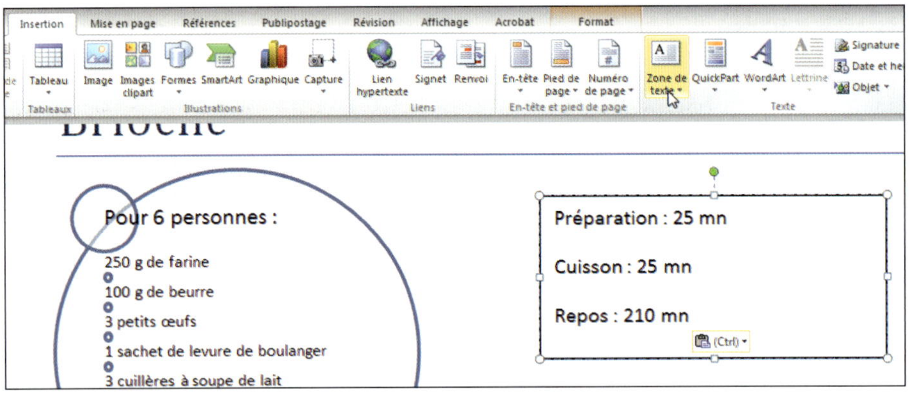

9 La zone de texte étant sélectionnée, cliquez sur le ruban Format des Outils de dessin puis sur le bouton Autres de la galerie de styles afin de choisir une mise en forme assortie aux couleurs du graphique SmartArt. Si aucun modèle de la galerie de styles ne vous convient, choisissez la forme et la couleur du contour en cliquant sur le menu Contour de forme, puis choisissez la couleur du fond en cliquant sur le menu Remplissage de forme.

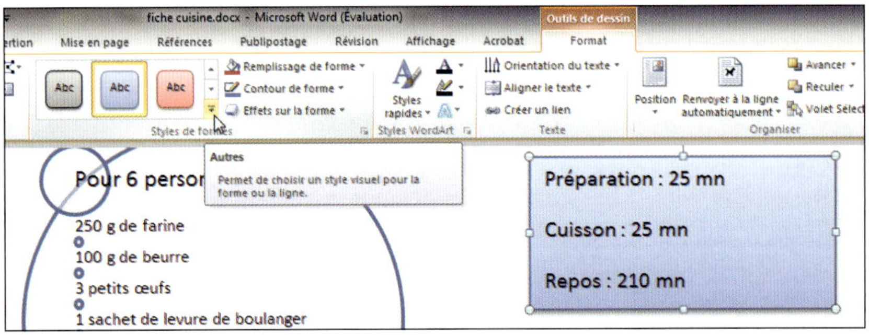

10 La zone de texte étant toujours sélectionnée, redimensionnez-la correctement en faisant glisser son coin supérieur droit : positionnez le pointeur au-dessus puis lorsqu'il se transforme en double flèche, cliquez et glissez. Si vous n'êtes pas précisément positionné au-dessus du coin, le pointeur a une forme différente et l'opération de glissé-déposé ne produit pas le résultat escompté. Dans ce cas, annulez (grâce au raccourci Ctrl+Z) puis recommencez.

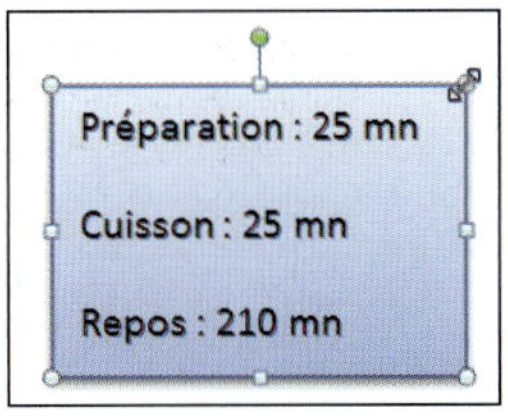

11 L'opération suivante consiste à numéroter les étapes de la recette. Positionnez le pointeur dans la marge en regard de la première ligne jusqu'à ce qu'il se transforme en grosse flèche blanche puis cliquez et glissez vers le bas jusqu'à la dernière ligne.
Tout le texte étant sélectionné, cliquez directement sur le bouton Numérotation du ruban Accueil pour obtenir la numérotation par défaut, ou cliquez sur la flèche de ce bouton pour choisir le type de numérotation parmi les modèles de la bibliothèque. Vous avez aussi la possibilité de changer une numérotation déjà appliquée : cliquez-droit sur un numéro et choisissez Numérotation dans le menu qui s'affiche, puis cliquez sur le modèle approprié dans la bibliothèque de numérotations.

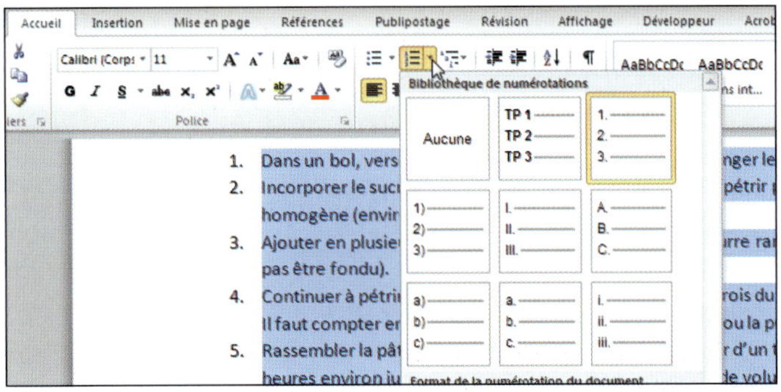

12 Notre fiche est fonctionnelle mais le texte est assez austère. Puisqu'il est défini en style Normal, nul besoin de sélectionner les paragraphes à modifier. Il suffit de changer directement le style lui-même : cliquez-droit sur le bouton Normal dans le groupe Styles du ruban Accueil puis cliquez sur Modifier. Dans la boîte de dialogue, Modifier le style, choisissez une autre police dans la liste de la section Mise en forme en observant son rendu dans la zone d'aperçu.

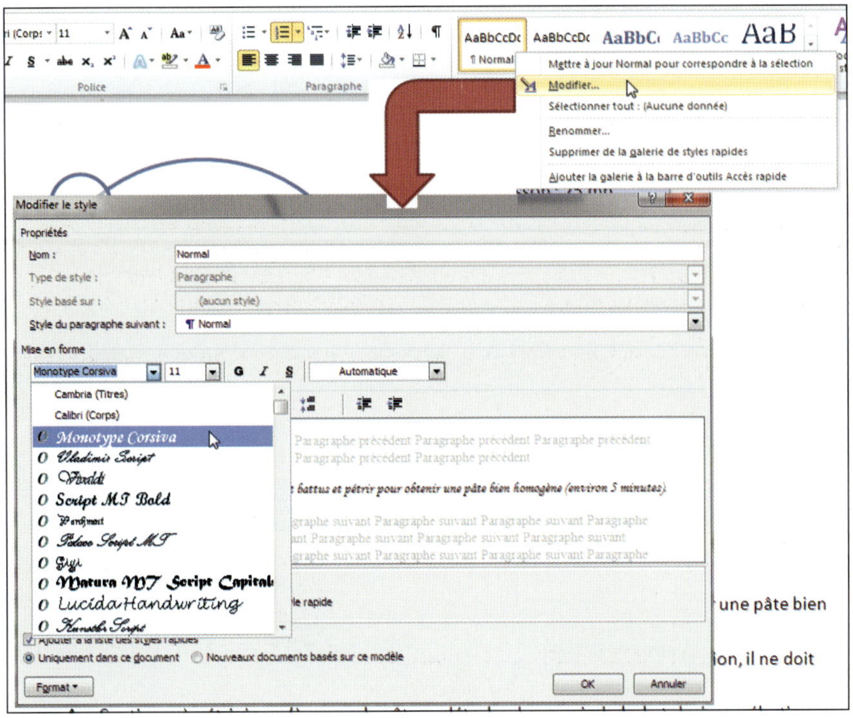

13 Pour visualiser le résultat, activez le ruban Affichage puis cliquez sur le bouton Lecture plein écran. Nous améliorerons le contenu, l'aspect esthétique et la fonctionnalité de cette fiche dans d'autres TP de cet ouvrage. Enregistrez le document Fiche cuisine-TP1.docx et fermez.

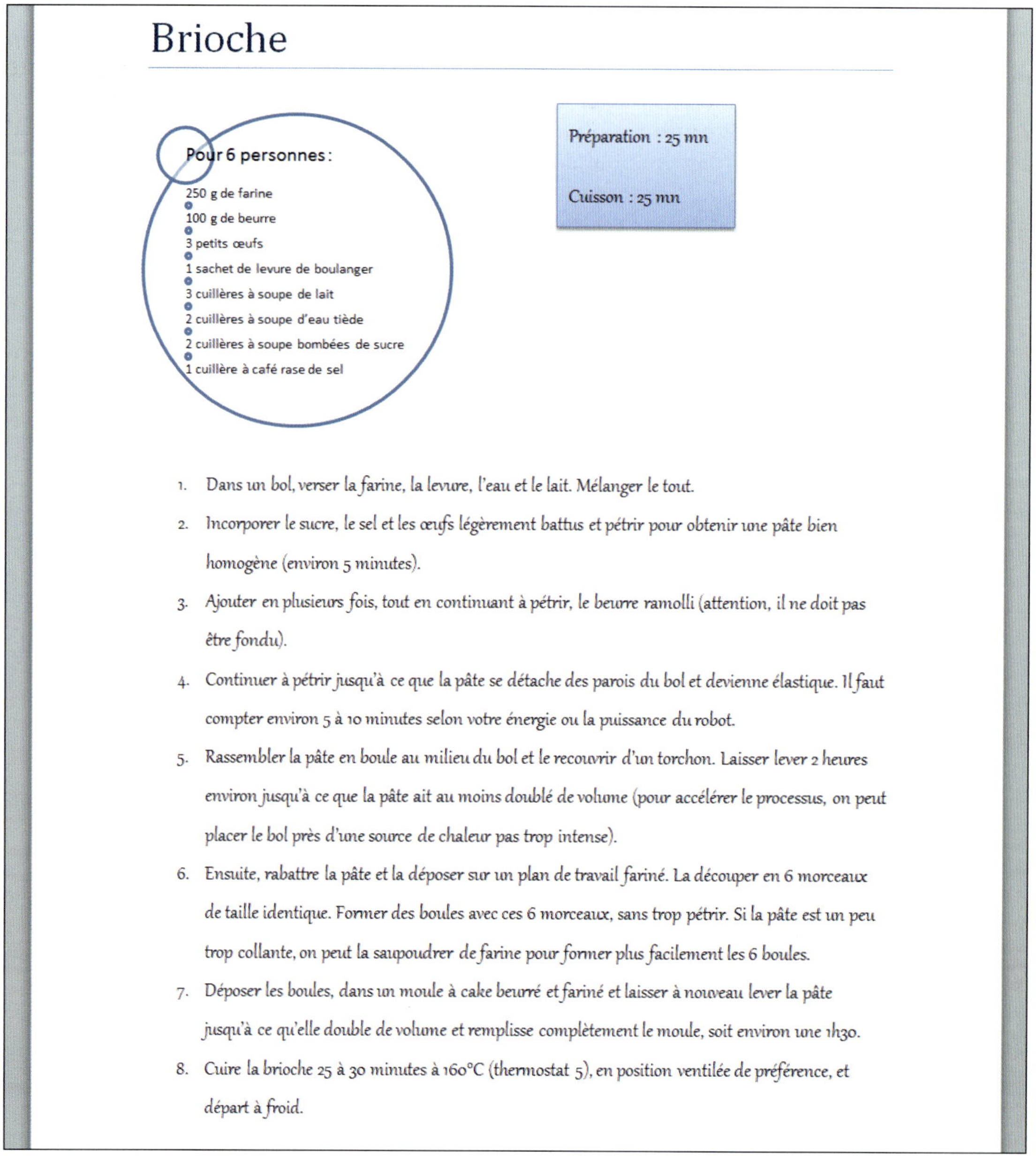

Brioche

Pour 6 personnes :

- 250 g de farine
- 100 g de beurre
- 3 petits œufs
- 1 sachet de levure de boulanger
- 3 cuillères à soupe de lait
- 2 cuillères à soupe d'eau tiède
- 2 cuillères à soupe bombées de sucre
- 1 cuillère à café rase de sel

Préparation : 25 mn

Cuisson : 25 mn

1. Dans un bol, verser la farine, la levure, l'eau et le lait. Mélanger le tout.
2. Incorporer le sucre, le sel et les œufs légèrement battus et pétrir pour obtenir une pâte bien homogène (environ 5 minutes).
3. Ajouter en plusieurs fois, tout en continuant à pétrir, le beurre ramolli (attention, il ne doit pas être fondu).
4. Continuer à pétrir jusqu'à ce que la pâte se détache des parois du bol et devienne élastique. Il faut compter environ 5 à 10 minutes selon votre énergie ou la puissance du robot.
5. Rassembler la pâte en boule au milieu du bol et le recouvrir d'un torchon. Laisser lever 2 heures environ jusqu'à ce que la pâte ait au moins doublé de volume (pour accélérer le processus, on peut placer le bol près d'une source de chaleur pas trop intense).
6. Ensuite, rabattre la pâte et la déposer sur un plan de travail fariné. La découper en 6 morceaux de taille identique. Former des boules avec ces 6 morceaux, sans trop pétrir. Si la pâte est un peu trop collante, on peut la saupoudrer de farine pour former plus facilement les 6 boules.
7. Déposer les boules, dans un moule à cake beurré et fariné et laisser à nouveau lever la pâte jusqu'à ce qu'elle double de volume et remplisse complètement le moule, soit environ une 1h30.
8. Cuire la brioche 25 à 30 minutes à 160°C (thermostat 5), en position ventilée de préférence, et départ à froid.

TP 2 Appliquer des effets de texte

Lorsque vous modifiez l'aspect du texte dans un document, vous choisissez la police, vous appliquez les mises en forme standards telles que gras, italique, souligné, ou vous colorez les lettres. Word 2010 propose d'autres outils typographiques pour mettre en forme le texte et lui appliquer des effets étonnants. Ce type d'options évolue d'une version à l'autre, c'est pourquoi l'offre de Word 2010 est plus riche que celle de 2007 dans ce domaine.

Prérequis : néant
Fichier employé : Fiche cuisine_1.docx
Temps de réalisation : 5 minutes

1 Ouvrez le fichier fiche cuisine_1.docx puis sélectionnez le titre. Cliquez-droit dessus puis cliquez sur Police. Dans la fenêtre, choisissez-en une de caractères assez grasse, par exemple Arial Black (ou toute autre police dont le nom comporte le mot Bold). Les effets de texte s'obtiennent en coloriant les caractères ou en leur appliquant un contour. Plus la surface à colorer est importante, plus l'effet sera percutant.

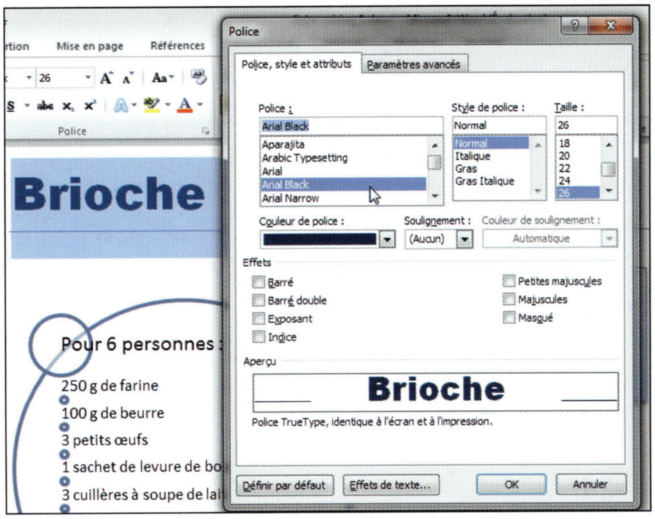

2 Dans le bas de l'onglet *Police, styles et attributs,* cliquez sur le bouton *Effets de texte*. Dans l'onglet *Remplissage du texte*, cochez l'option *Remplissage dégradé* puis déroulez la liste *Couleurs prédéfinies*. Puisqu'il s'agit de brioche, nous allons choisir le dégradé de couleurs Cuivre. L'application d'un dégradé est toujours beaucoup plus efficace que celle d'une couleur unie, quel que soit l'élément sélectionné.

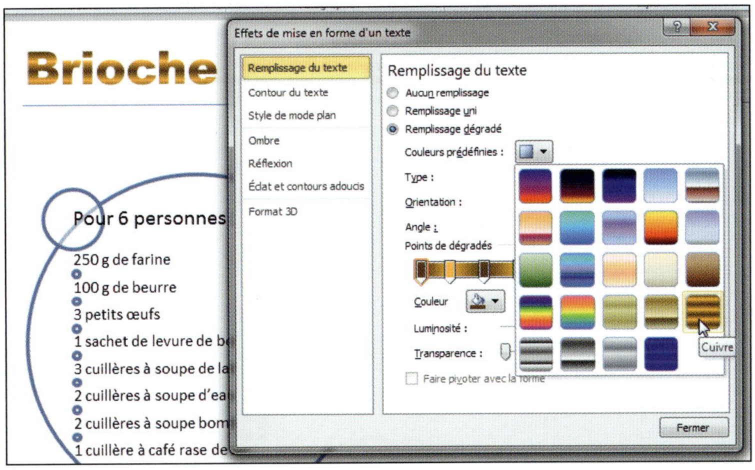

3 Pour apporter du relief à ce titre, cliquez ensuite sur l'onglet Contour du texte à gauche, cochez la case *Trait dégradé* puis choisissez le modèle Cuivre dans le menu Couleurs prédéfinies. Déroulez la liste Type et choisissez cette fois l'option Radial. Terminez en cliquant sur Fermer puis sur OK. Profitez-en pour tester d'autres options d'effets de texte en cliquant sur les onglets Ombre ou Lumière à gauche puis en précisant les options à droite en observant à chaque fois le résultat.

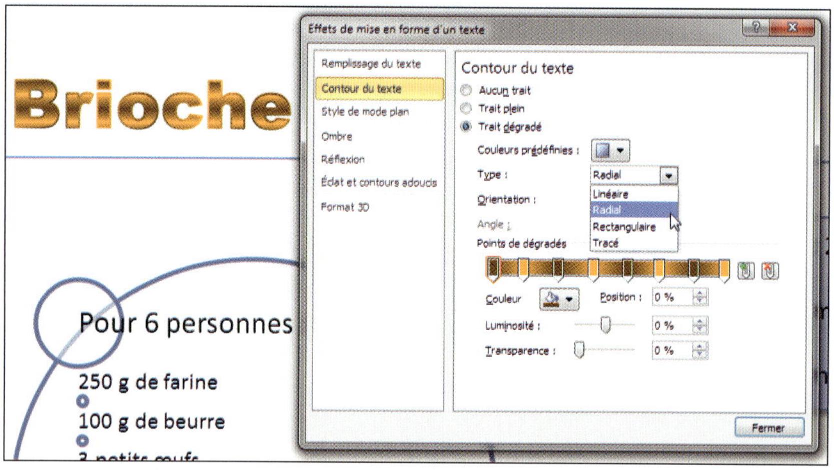

4 Nous allons maintenant changer la couleur de la ligne de soulignement. Sélectionnez le titre puis cliquez sur le bouton Bordure et trame du ruban Accueil. Notez que ce bouton change d'aspect en fonction de sa dernière utilisation.

5 Sur l'onglet Bordure, commencez par choisir le type de bordure à gauche : normal (encadrement), Ombre ou 3D. Faites ensuite défiler la liste Style et cliquez sur un modèle de ligne. Ouvrez le menu Couleur et cliquez sur l'option Autres couleurs (sauf si la nuance que vous recherchez se trouve déjà parmi les échantillons présentés).

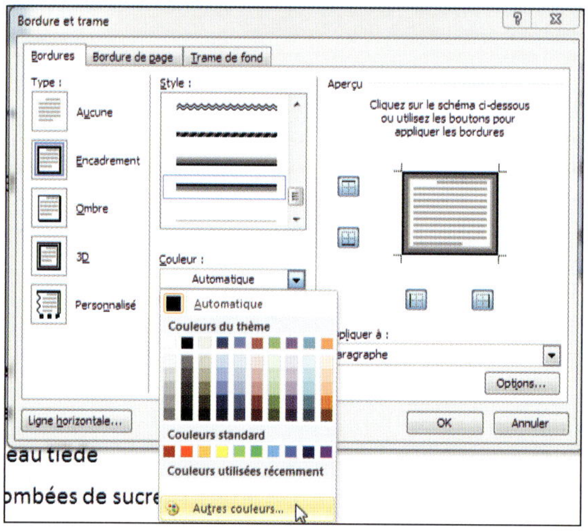

6 Dans le sélecteur de couleurs standard, cliquez sur la couleur choisie et contrôlez sa nuance dans l'aperçu fourni en bas à droite (Nouvelle/Actuelle). Si vous ne trouvez pas exactement la nuance de couleur voulue, cliquez sur l'onglet Personnalisées qui offre une méthode de sélection plus fine et plus variée. Cliquez sur OK quand vous avez obtenu la nuance désirée.

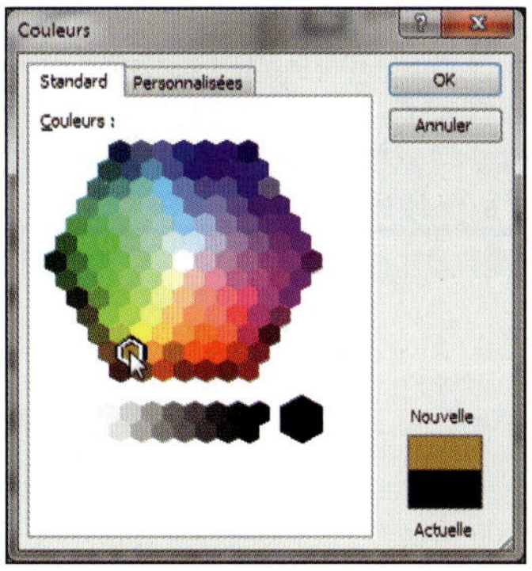

7 De retour dans la fenêtre Bordure et Trame, vérifiez que le menu Appliquer à est bien défini avec Paragraphe (la bordure s'étend de la marge gauche à la marge droite) puis cliquez sur les bordures affichées dans la zone d'aperçu à droite jusqu'à ce que la seule bordure visible soit celle du bas.

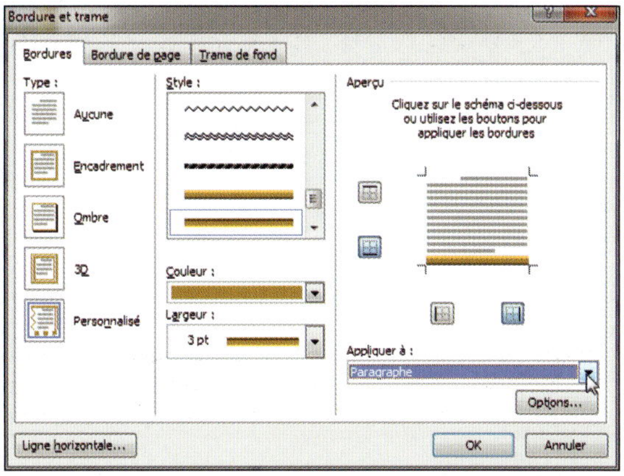

8 Terminez en cliquant sur OK et vérifiez le résultat en cliquant sur le bouton Lecture plein écran du ruban Affichage.

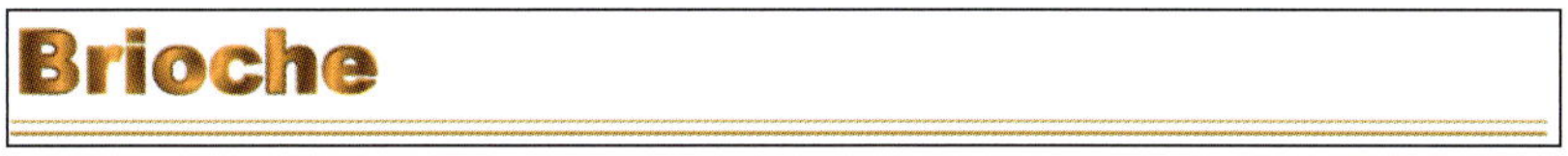

TP 3 Écrire dans la marge

Lorsque vous saisissez le texte d'un document, vous ne pouvez pas écrire dans la marge. Pour faire apparaître du texte à cet emplacement, vous devez apposer une sorte de post-it électronique : une zone de texte. Ce TP aborde les opérations de base avec les zones de texte : comment les créer, les redimensionner et les positionner sur le document. Les zones de texte sont un outil précieux, elles vous affranchissent des contraintes de mise en page de Word. Vous les retrouverez dans de nombreux autres TP de cet ouvrage.

Prérequis : néant
Fichier employé : chanson.docx
Temps de réalisation : 10 minutes

1 Ouvrez le document chanson.docx. Il s'agit du texte d'une chanson où vous allez indiquer les couplets et le refrain dans la marge. Dans le ruban Insertion, cliquez sur le bouton Zone de texte puis sur le premier choix dans la galerie des styles prédéfinis (zone de texte simple). Une zone de texte s'affiche avec un exemple de texte.

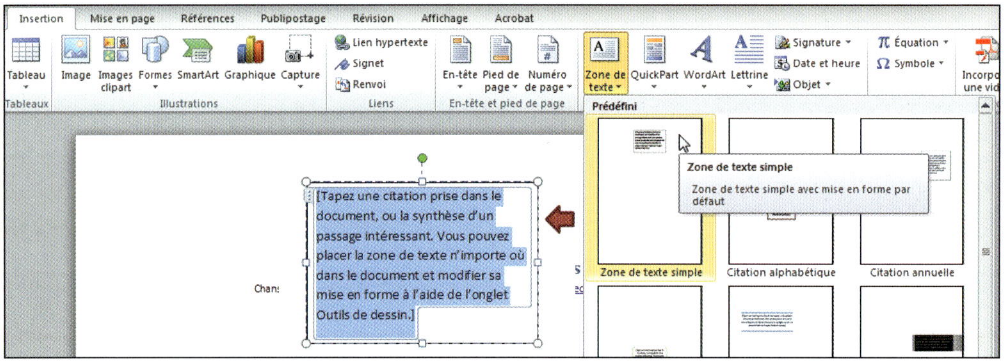

2 Le texte à remplacer étant déjà sélectionné (en bleu), il est donc inutile de cliquer, saisissez simplement « Premier couplet ». Placez ensuite le pointeur dans un angle et faites-le glisser dès qu'il se transforme en double-flèche pour redimensionner correctement la zone. Les petits ronds et carrés blancs affichés sur le cadre de la zone de texte sont appelés poignées de redimensionnement. Comme ce nom l'indique, elles permettent de redéfinir la forme de la zone lorsque vous les faites glisser. La poignée verte joue un rôle particulier : elle permet de faire tourner la zone sur elle-même.

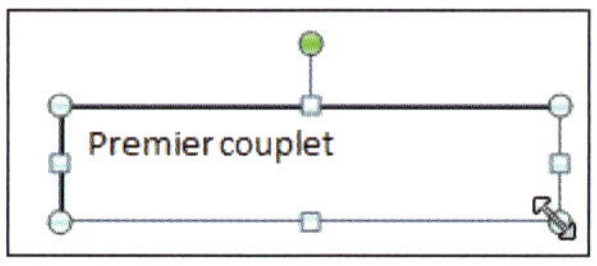

3 Positionnez le pointeur sur une bordure (et non sur une poignée de redimensionnement) et glissez la zone de texte en regard des premières lignes du premier couplet dès qu'il se transforme en quadruple flèche. Si le déplacement avec la souris n'est pas suffisamment précis, servez-vous des touches fléchées du clavier.

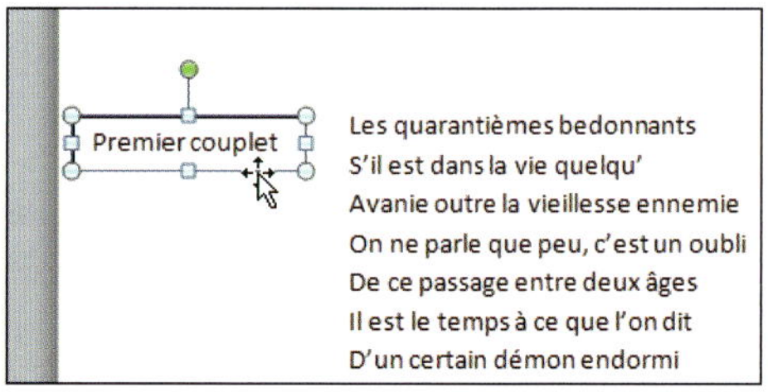

4 Pour supprimer le cadre de la zone de texte, activez le ruban Format des Outils de dessin, cliquez sur le bouton Contour de forme puis choisissez l'option Sans contour (attention ce ruban n'est visible que si la zone de texte est sélectionnée). Le texte donne l'impression d'avoir été simplement saisi dans la marge.

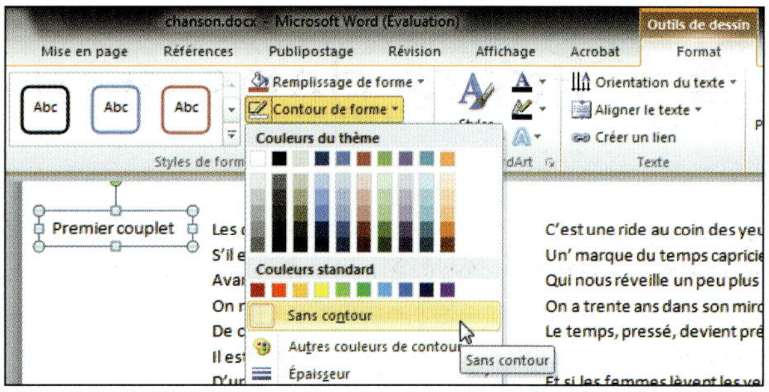

5 Vous allez maintenant copier cette zone de texte et la coller autant de fois que nécessaire pour identifier tous les couplets et le refrain du document. Cliquez-droit sur la bordure de la zone de texte puis choisissez Copier (vous pouvez aussi cliquer sur la bordure pour sélectionner la zone de texte puis activer le raccourci clavier Ctrl+C).

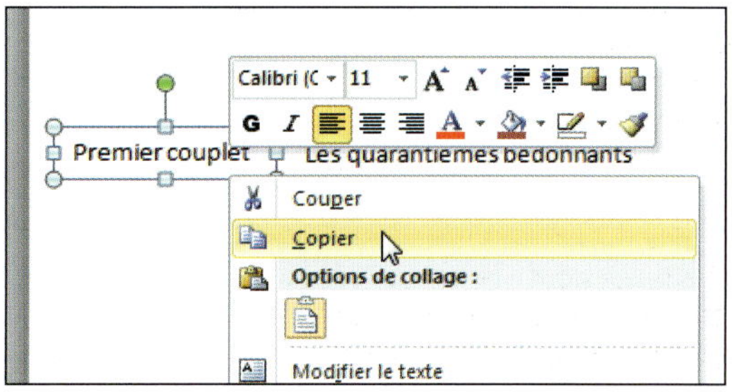

6 Cliquez-droit dans le document puis choisissez Coller ou la première icône des options de collage (vous pouvez aussi cliquer à l'écart de la zone de texte puis activer le raccourci clavier Ctrl+V). Une seconde zone apparaît sous la première. Renouvelez quatre fois ce collage puisque la chanson se compose de cinq couplets et d'un refrain.

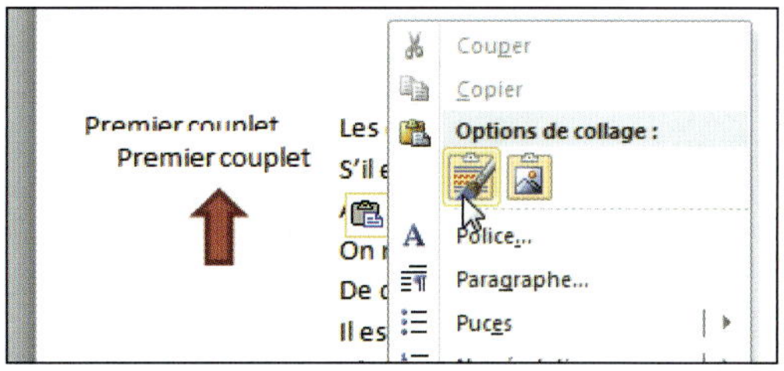

7 Cliquez sur chaque zone de texte tour à tour, modifiez le texte qu'elle contient puis déplacez-la en regard du paragraphe correspondant dans la marge de gauche ou dans la marge de droite. Terminez en cliquant sur le bouton Lecture plein écran du ruban Affichage.

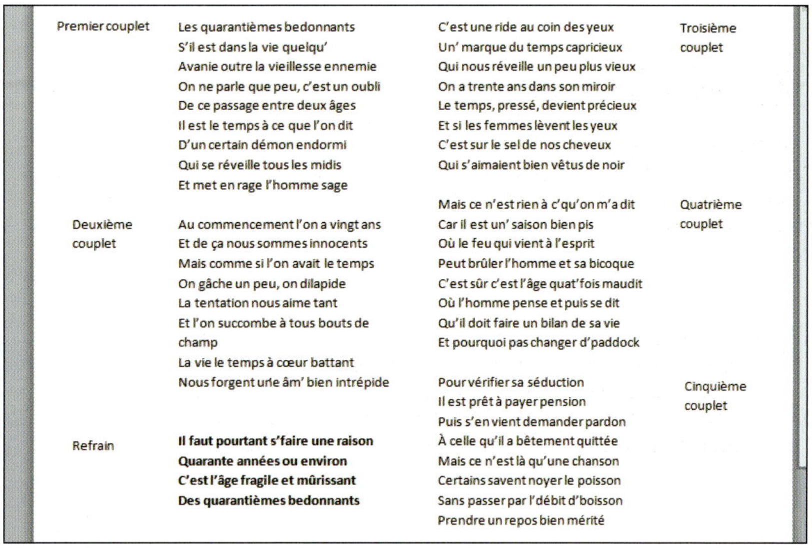
Premier couplet

Les quarantièmes bedonnants
S'il est dans la vie quelqu'
Avanie outre la vieillesse ennemie
On ne parle que peu, c'est un oubli
De ce passage entre deux âges
Il est le temps à ce que l'on dit
D'un certain démon endormi
Qui se réveille tous les midis
Et met en rage l'homme sage

Deuxième couplet

Au commencement l'on a vingt ans
Et de ça nous sommes innocents
Mais comme si l'on avait le temps
On gâche un peu, on dilapide
La tentation nous aime tant
Et l'on succombe à tous bouts de champ
La vie le temps à cœur battant
Nous forgent une âm' bien intrépide

Refrain

Il faut pourtant s'faire une raison
Quarante années ou environ
C'est l'âge fragile et mûrissant
Des quarantièmes bedonnants

Troisième couplet

C'est une ride au coin des yeux
Un' marque du temps capricieux
Qui nous réveille un peu plus vieux
On a trente ans dans son miroir
Le temps, pressé, devient précieux
Et si les femmes lèvent les yeux
C'est sur le sel de nos cheveux
Qui s'aimaient bien vêtus de noir

Quatrième couplet

Mais ce n'est rien à c'qu'on m'a dit
Car il est un' saison bien pis
Où le feu qui vient à l'esprit
Peut brûler l'homme et sa bicoque
C'est sûr c'est l'âge quat'fois maudit
Où l'homme pense et puis se dit
Qu'il doit faire un bilan de sa vie
Et pourquoi pas changer d'paddock

Cinquième couplet

Pour vérifier sa séduction
Il est prêt à payer pension
Puis s'en vient demander pardon
À celle qu'il a bêtement quittée
Mais ce n'est là qu'une chanson
Certains savent noyer le poisson
Sans passer par l'débit d'boisson
Prendre un repos bien mérité

8 Même si les zones ont l'air d'être alignées dans la marge, sachez qu'un petit défaut n'apparaît pas à l'écran mais qu'il ressort beaucoup plus à l'impression. Pour aligner le texte verticalement, il faut sélectionner les trois zones de la marge droite mais l'opération est délicate sans l'aide de Word. Cliquez d'abord sur le bouton Sélectionner à droite du ruban Accueil puis sur l'option Sélectionner les objets.

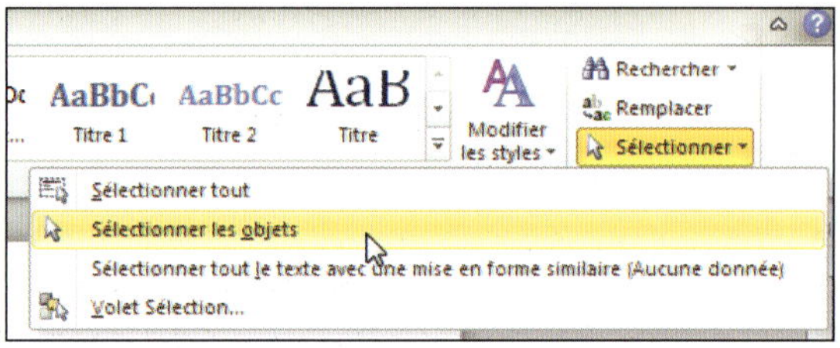

9 Cliquez sur la première zone de texte d'une marge puis sur les suivantes en maintenant la touche Contrôle enfoncée. Cliquez ensuite sur le bouton Aligner à gauche du ruban Format des Outils de dessin. Vous allez certainement remarquer le déplacement des zones non alignées. Recommencez avec les zones de texte de la marge opposée.

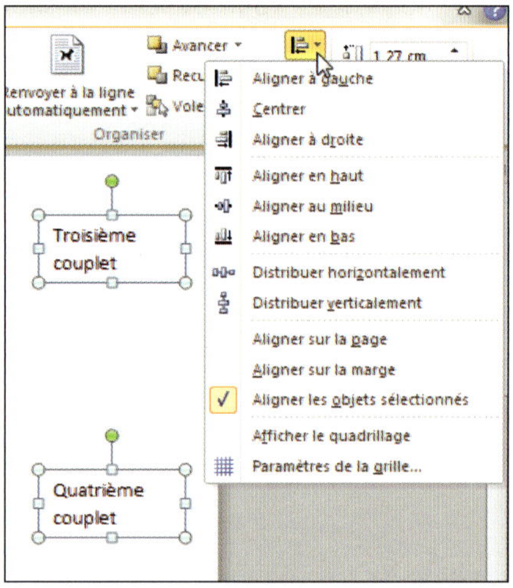

10 Si vous avez besoin de repositionner verticalement une zone de texte sans rompre l'alignement avec les deux autres de la même marge, sélectionnez-la puis servez-vous des flèches haut et bas du clavier pour la déplacer. Au lieu d'aligner les zones de texte sur la première ligne de chaque strophe, vous pourriez aussi décider de les aligner deux par deux avec celle de la marge opposée. Dans ce cas, répétez les étapes 8 et 9 pour chaque paire de zone de texte en choisissant l'option Aligner en haut.

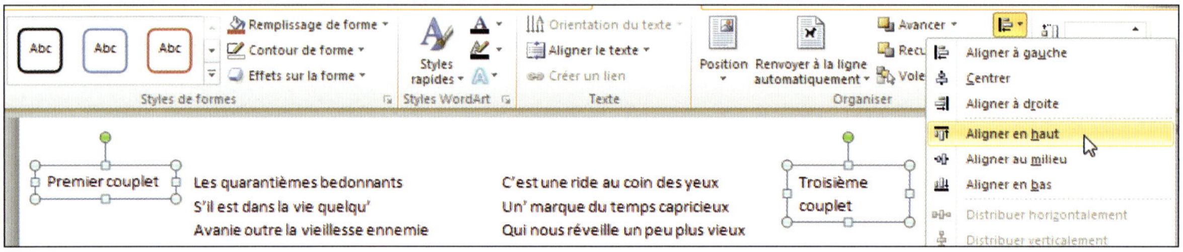

11 Si vous vous trompez dans les options d'alignement, les zones sélectionnées peuvent brutalement se retrouver « empilées ». Comme toujours en cas d'erreur, activez le raccourci clavier Ctrl+Z. C'est plus rapide que d'aller cliquer sur le bouton Annuler de la barre d'outils Accès rapide.

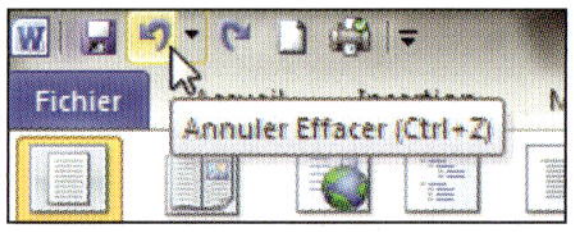

TP 4 Mélanger des pages en portrait et paysage

Lorsque vous modifiez les caractéristiques d'une page comme les marges, l'affichage en une ou plusieurs colonnes, l'orientation, les bordures de page, etc., le changement s'applique automatiquement à toutes les pages du document. Quand ce type de modification ne doit affecter qu'un sous-ensemble de pages, il faut découper le document en sections. La mise en page d'une section est en effet indépendante de celle des autres sections du document.

Prérequis : néant
Fichier employé : orientation.docx
Temps de réalisation : 5 minutes

1 Ouvrez le document orientation.docx puis cliquez sur le bouton Lecture plein écran du ruban Affichage. Vous constatez que sur la deuxième page de ce document qui en comporte trois, les tableaux sont plus larges que hauts et qu'ils seraient beaucoup mieux affichés en mode paysage (les intitulés Portrait et Paysage s'expliquent par le fait qu'un portrait est généralement photographié verticalement alors que la photo d'un paysage doit couvrir une grande étendue horizontale).

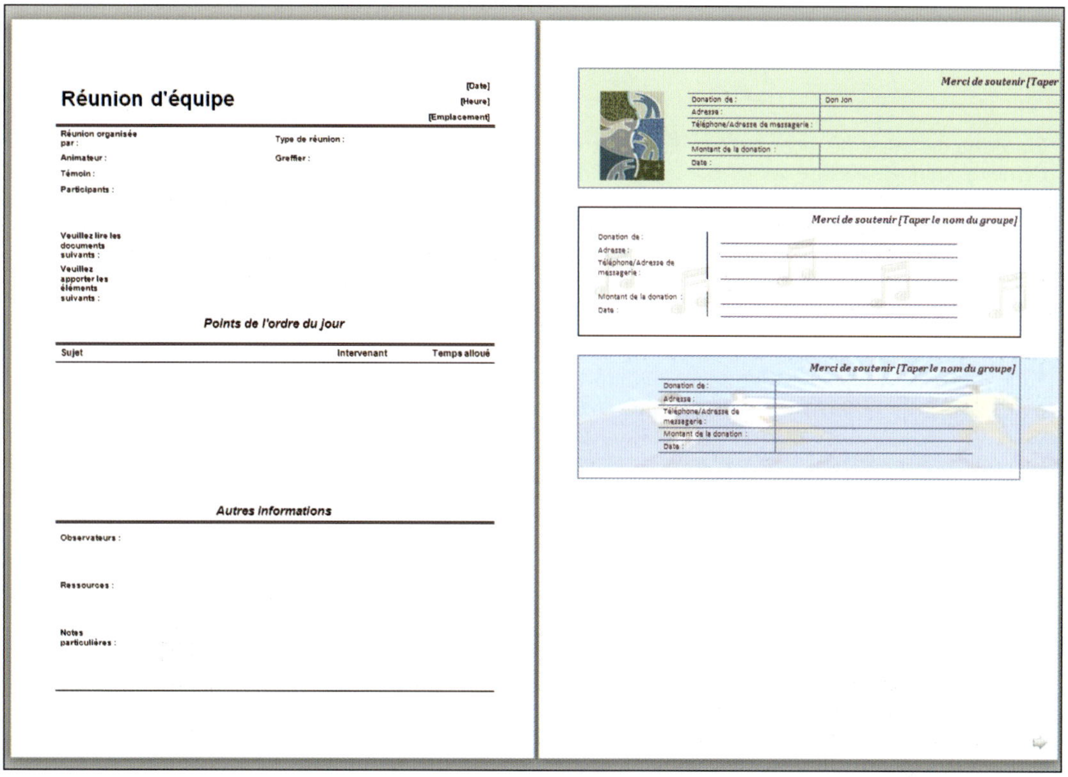

2 Cliquez sur le bouton Afficher tout (¶) dans le groupe Paragraphe du ruban Accueil. Ce bouton affiche les marques de paragraphe et autres symboles de mise en forme masqués. Il s'agit de tous les caractères d'espacement et de retour à la ligne que Word doit enregistrer avec votre document. Une fois que vous êtes habitués à ces caractères normalement invisibles qui structurent chaque document, vous vous apercevez que la gestion de l'espace dans Word est beaucoup plus facile lorsqu'ils sont affichés.

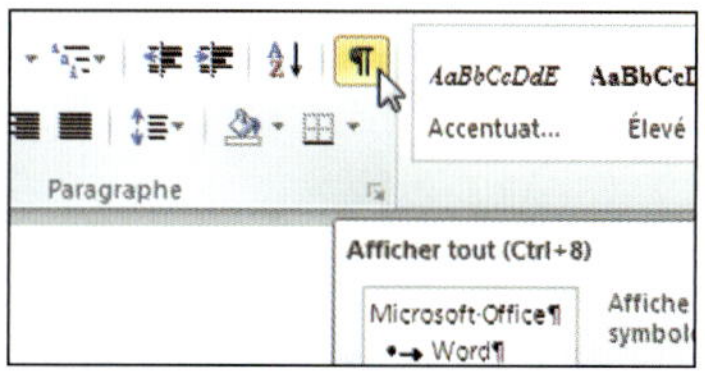

3 Localisez le saut de page dans le bas de la première page, sélectionnez-le puis supprimez-le. Vous allez le remplacer par un saut de section page suivante, c'est-à-dire un saut de page avec création d'une nouvelle section dès la page suivante.

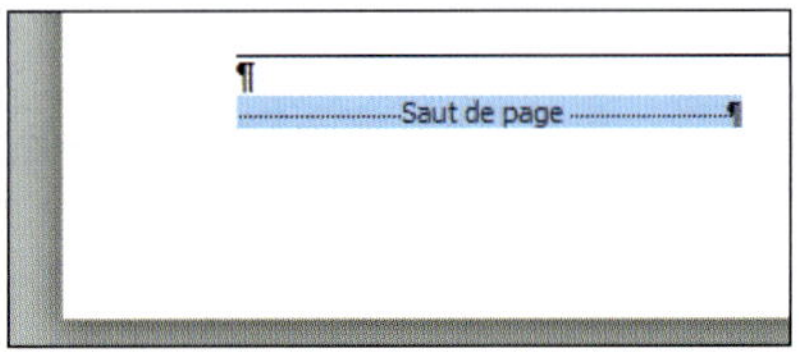

4 Sur le ruban Mise en page, cliquez sur la flèche en regard du bouton Sauts de page puis choisissez Page suivante dans la liste des sauts de section. Ce saut de section peut aussi permettre de changer les en-têtes/pieds de page lors du passage à un nouveau chapitre (le saut de section continu introduit une nouvelle section dans la page et permet par exemple de changer les marges ou de passer d'un mode d'affichage du texte d'une à plusieurs colonnes).

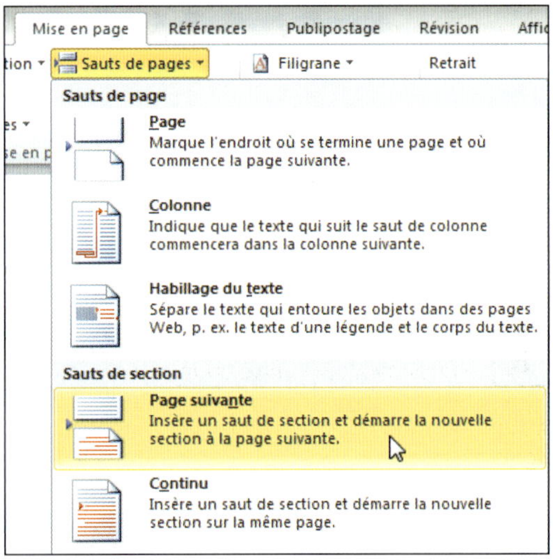

5 Procédez de la même façon en bas de la deuxième page puis cliquez dans cette dernière. Cliquez ensuite sur le bouton Orientation du ruban Mise en page qui propose les options Portrait et Paysage. Choisissez Paysage.

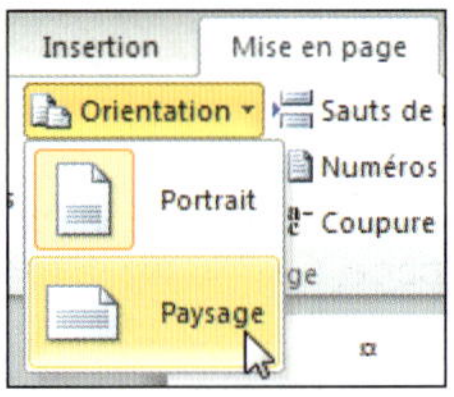

6 Pour vérifier le résultat, cliquez sur le bouton Lecture plein écran du ruban Affichage. Vous constatez que les pages s'enchaînent bien avec des orientations différentes.

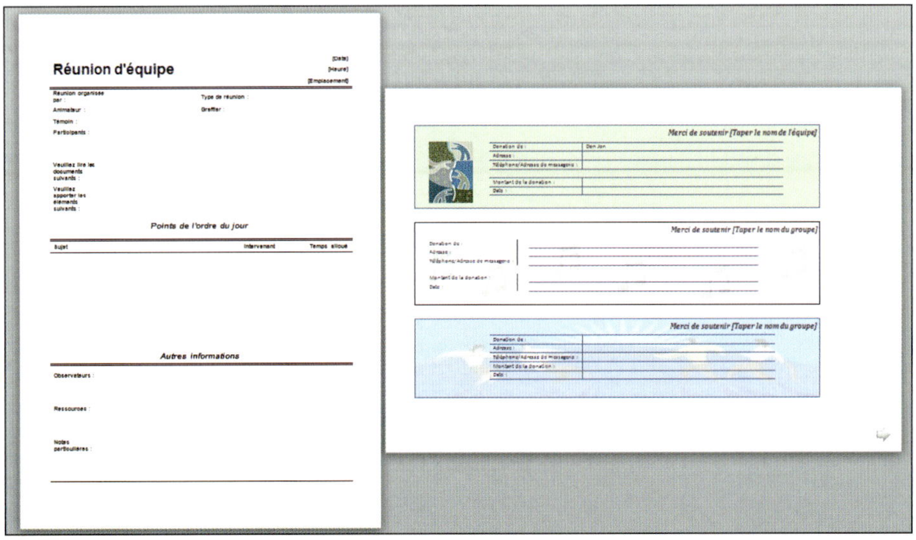

7 Appliquez la même technique pour modifier les marges ou le nombre de colonnes d'une partie seulement du document. Sélectionnez la liste à puce de la troisième page puis cliquez sur le bouton Colonnes du ruban Mise en page. Notez que Word a automatiquement inséré des sauts de sections avant et après la liste.

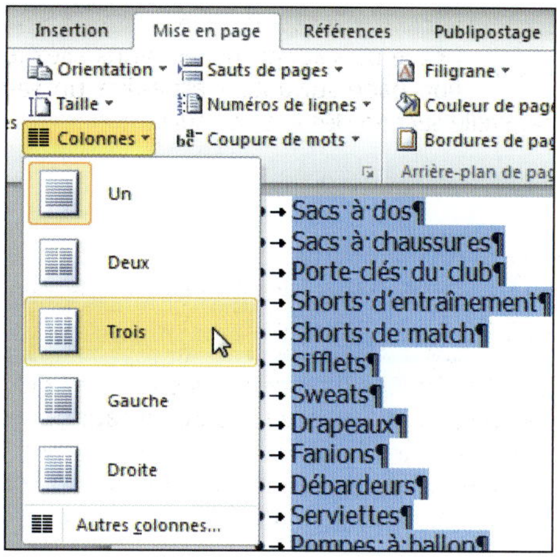

8 Sachez qu'un saut de section contrôle la mise en forme de la section précédente. Si vous le supprimez, vous supprimez cette mise en forme et cette partie du document adopte celle initialement définie à la suite du saut de section. Dans notre TP, si vous supprimez le premier saut de section, les deux premières pages se retrouvent affichées en mode paysage. Pour réaliser ce test, cliquez à gauche du saut de section (le pointeur clignote au début de la ligne de saut de section).

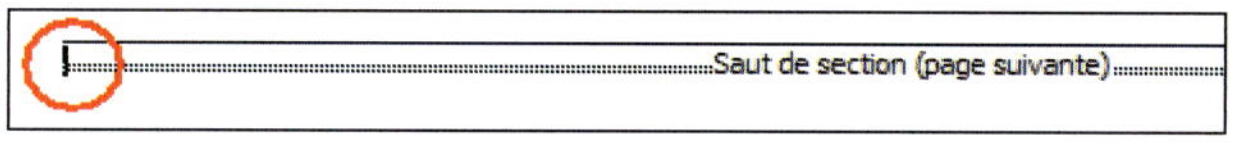

9 Appuyez sur la touche Suppr (une autre façon de visualiser les sauts de section lorsque les caractères masqués ne sont pas affichés consiste à afficher le document avec le mode Brouillon du ruban Affichage. Ce mode d'affichage présente le texte en continu sur toute la surface de l'écran, ainsi que les sauts de section, mais pas les sauts de page. Choisissez le mode Lecture plein écran pour vérifier que les premières pages sont passées en mode paysage.

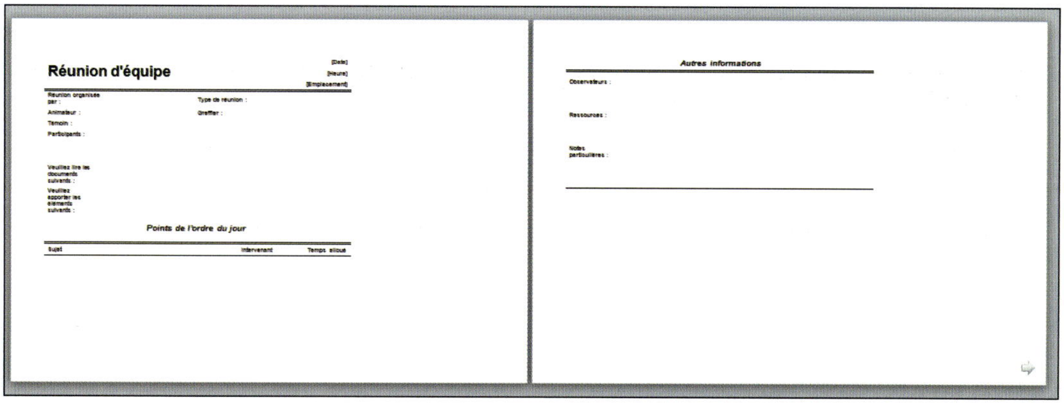

TP 5

Écrire des formules et des équations

Ce TP s'adresse à tous les professeurs, chercheurs et étudiants qui ont besoin d'insérer des équations dans leurs documents. Depuis la version 2007, Word prend directement en charge l'écriture et la modification d'équations. L'exemple choisi est celui de l'écriture d'une équation du second degré ainsi que de sa forme canonique. Si vous maîtrisez cet exercice simple, vous serez en mesure d'écrire n'importe quelle autre équation.

Prérequis : néant
Fichier employé : néant
Temps de réalisation : 30 minutes

1 Sous l'onglet Insertion, dans le groupe Symboles, cliquez sur le bouton Équation. Le module équation apparaît dans le document, ainsi que le ruban Conception des Outils d'équation. Nous allons commencer par écrire : $ax^2 + bx + c$. La saisie de la formule s'effectue entièrement dans le module équation mais celui-ci disparaît complètement dès que vous cliquez dans le document. La formule achevée donne l'impression d'avoir été saisie comme n'importe quelle suite de caractères standards.

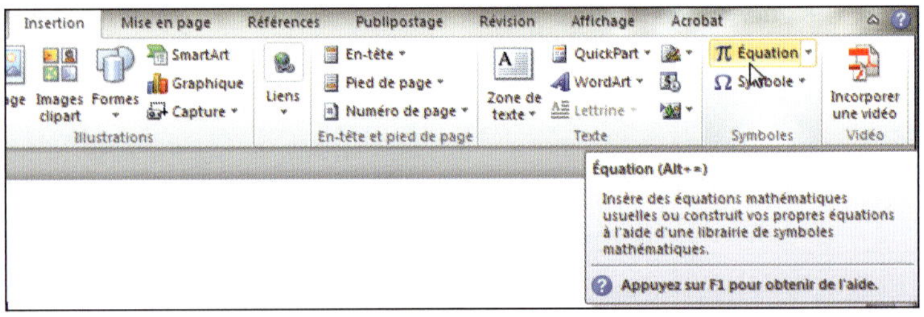

2 Cliquez dans le module équation (sur le texte Tapez une équation ici), puis saisissez « a ». Pour insérer x^2, cliquez sur le bouton Script puis sur la case appropriée dans le groupe des indices et exposants usuels. La suite de l'équation (+bx+c) ne nécessite plus de faire appel aux outils de conception. Cliquez dans le document pour masquer le module équation puis appuyez sur Entrée pour préparer la saisie de la formule suivante.

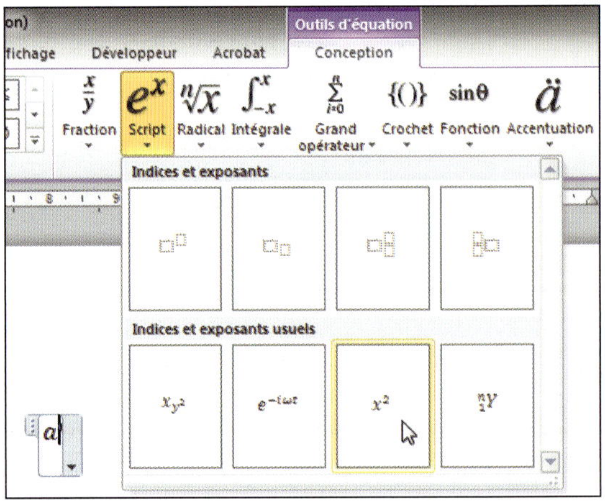

3 La forme canonique $f(x) = a\left[\left(x+\frac{b}{2a}\right)^2 - \frac{b^2-4ac}{4a^2}\right]$ contient d'autres éléments courants dans les formules : des crochets, des parenthèses, des puissances et des fractions. Cliquez de nouveau sur le bouton Équation puis saisissez f(x)=a. Cliquez ensuite sur le bouton Crochet puis sur la deuxième case. Les crochets s'affichent et le carré en pointillé représente la partie de l'équation qu'ils encadrent.

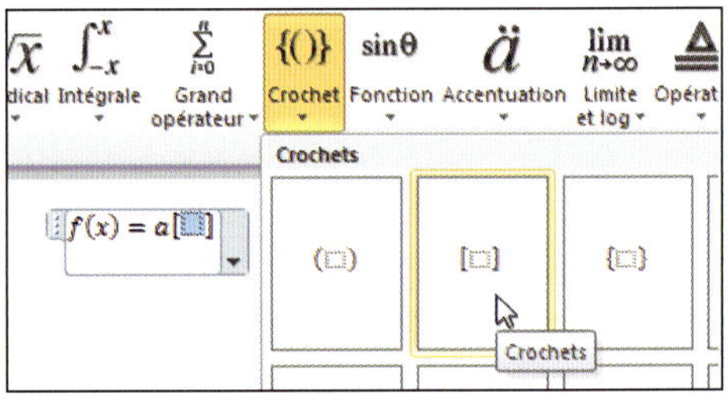

4 Le premier élément à l'intérieur des crochets étant au carré, c'est la première chose que vous devez définir avant de saisir l'élément lui-même. Cliquez sur le carré à l'intérieur des crochets, sur le bouton Script puis sur la première case exposant. Le carré de droite représente la puissance à laquelle est élevé l'élément représenté par le carré de gauche. Cliquez sur ce carré de droite (il devient bleu) puis tapez 2.

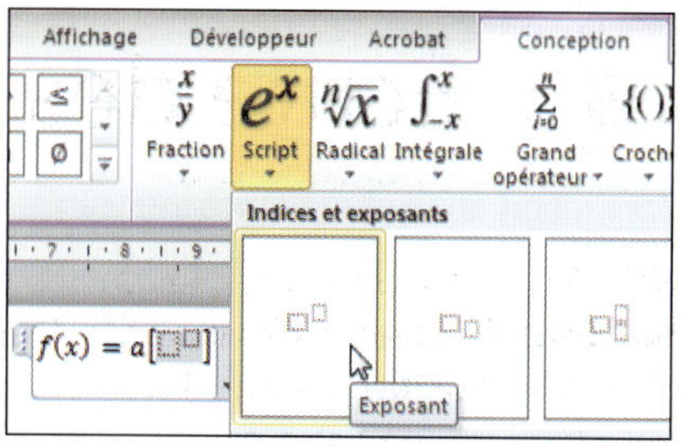

5 Cliquez ensuite sur le carré de gauche que vous allez remplacer par $\left(x+\frac{b}{2a}\right)$. Puisqu'il s'agit d'un élément entre parenthèses, commencez par cliquer sur le bouton Crochet du ruban Conception puis choisissez le premier modèle de la galerie (les parenthèses rondes standards). Dans le module équation, cliquez ensuite sur le carré à l'intérieur des parenthèses puis saisissez « x+ ». Vous obtenez la formule partielle $f(x) = a[(x + 2)^2]$.

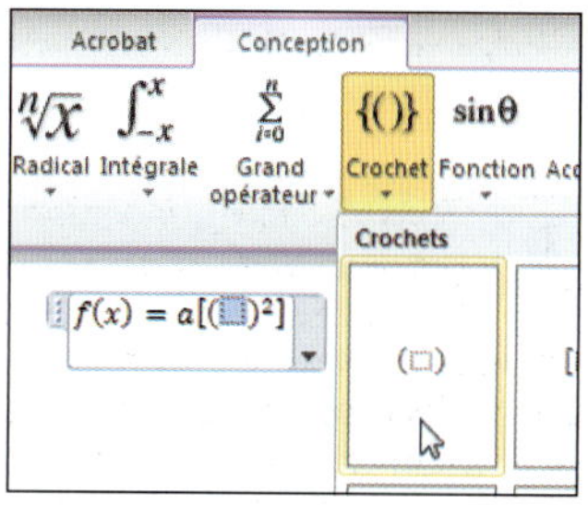

6 L'élément suivant à saisir est $\frac{b}{2a}$. Cliquez sur le bouton Fraction du ruban Conception et choisissez un des modèles proposés dans la première ligne : $\frac{b}{2a}$, ${}^{b}/_{2a}$, $b/2a$ ou $\frac{b}{2a}$. Procédez ensuite comme pour les exposants : cliquez sur le carré du haut et tapez b, puis cliquez sur le carré du bas et tapez 2a. Saisissez le signe moins qui suit la fermeture de la parenthèse. Vous obtenez : $f(x) = a\left[\left(x+\frac{b}{2a}\right)^2 - \right]$.

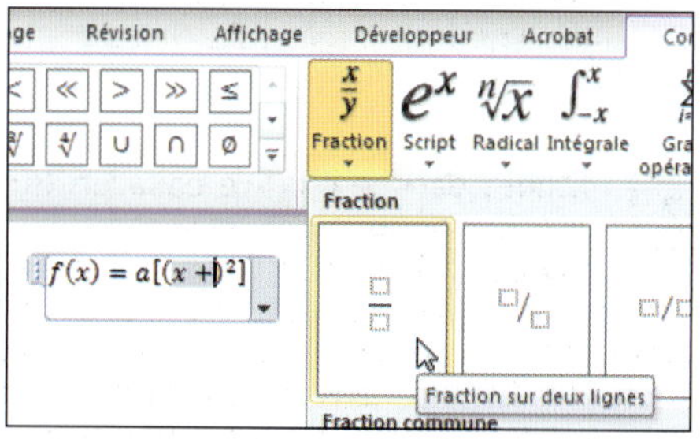

7 L'élément suivant étant une fraction, cliquez sur le bouton Fraction du ruban Conception et choisissez un modèle. Cliquez sur le carré du haut puis sur le bouton Script et choisissez le premier modèle d'exposant.

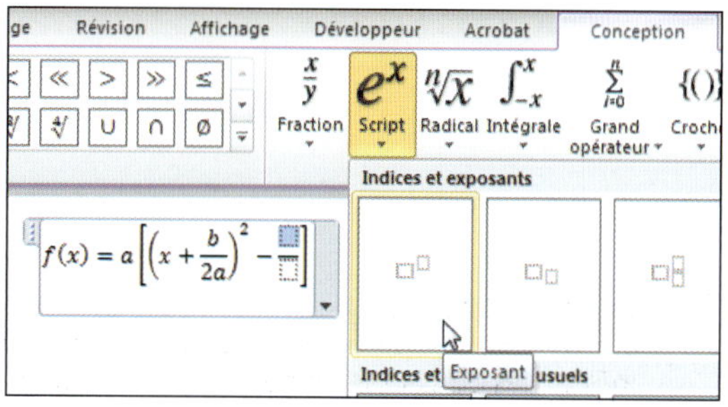

8 Cliquez sur le premier carré et saisissez b puis sur le second et saisissez 2, puis tapez la fin du numérateur : $f(x) = a\left[\left(x+\frac{b}{2a}\right)^2 - \frac{b^2-4ac}{\quad}\right]$. Cliquez sur le carré du dénominateur puis terminez la formule. Vous avez compris que la saisie de formules s'effectue en choisissant dans le ruban Conception des modèles de dispositions des composants les uns par rapport aux autres (exposants, carrés, racines, etc.), lesquels s'affichent sous formes de carrés. Il reste ensuite à sélectionner ces carrés et à les remplacer par le texte ou le composant approprié. Une fois la formule saisie, vous avez le choix entre deux modes d'affichage, Professionnel ou Linéaire, que vous sélectionnez en cliquant sur le menu Options d'équation à droite.

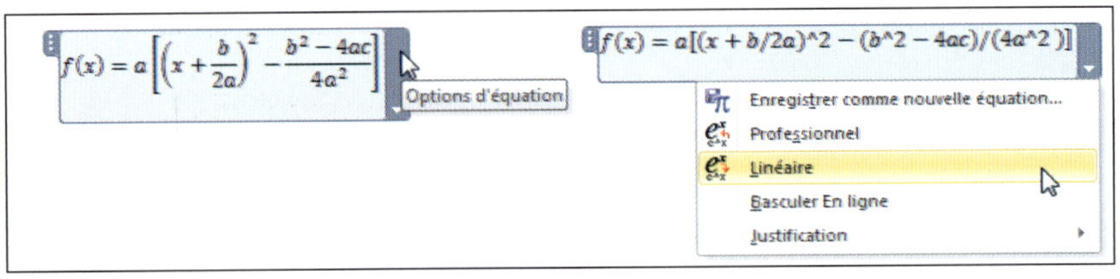

9 Si la formule que vous avez saisie est fréquemment utilisée dans votre domaine d'étude, enregistrez-la pour pouvoir la retrouver quand vous en aurez besoin. Sélectionnez-la puis cliquez sur le bouton Équation à gauche du ruban Conception. Cliquez sur Enregistrer la sélection dans la galerie d'équations tout en bas du menu qui apparaît.

Dans la boîte de dialogue Créer un nouveau bloc de construction, tapez un nom pour l'équation, éventuellement une description et changez de catégorie si nécessaire (la liste des catégories comporte aussi l'option Créer une catégorie). Cliquez sur OK pour valider l'enregistrement.

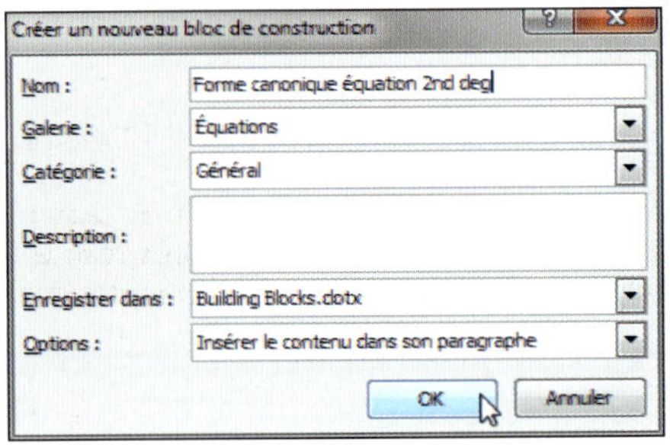

10 Pour insérer une formule déjà enregistrée, cliquez sur le bouton Équation du ruban Insertion puis sur le bouton Équation à gauche du ruban Conception des outils d'équation. Si la formule a récemment été enregistrée, elle apparaîtra en tête du menu comme notre forme canonique d'équation du second degré. Cliquez simplement dessus pour l'insérer dans le document. Pour modifier ou supprimer une des formules enregistrées dans la galerie, cliquez-droit sur la formule concernée puis choisissez Modifier les propriétés ou Organiser et supprimer.

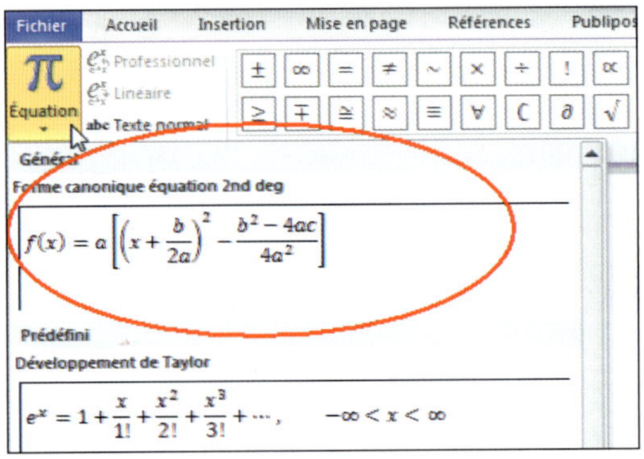

Insertions d'images

Les TP de cette partie comportent tous une partie insertion et manipulation des images. Vous constaterez à quel point les possibilités d'exploiter ces dernières sont nombreuses et variées. Vous découvrirez aussi que le simple choix du bon paramètre d'alignement rend très simple une opération que vous aviez peut-être préalablement jugée difficile.

Les images rendent le texte nettement plus vivant et esthétique et le TP consacré à la création d'un album photo démontrera que le texte rend à son tour des images beaucoup plus « parlantes ». Vous allez également explorer trois méthodes pour créer un mini-journal en colonnes et vous serez guidé pour créer un faire-part en deux volets, quatre faces.
Enfin, avec les outils de retouche, vous allez constater l'immense progrès réalisé dans ce domaine par Word 2010. Cette application fournit en effet des outils autrefois réservés à des logiciels de retouche aussi prestigieux que Photoshop, et de nombreux effets d'images.

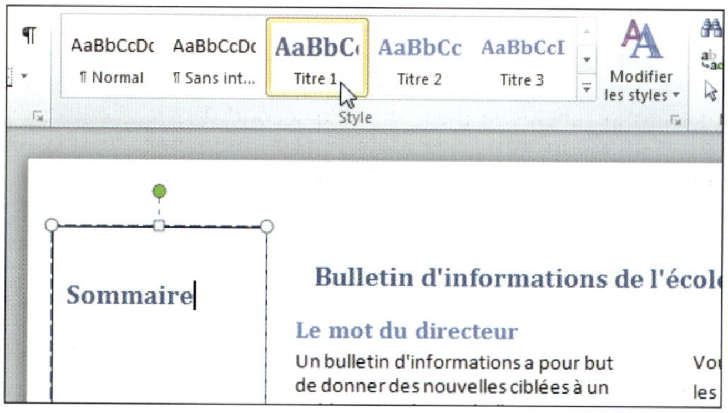

Découvrez également sur le site www.dunod.com, un travaux pratique pour réaliser un organigramme.

TP 6 Insérer une image

Il existe plusieurs façons d'introduire des images dans un document Word : dans le texte, en fond de page, de façon répétitive dans l'en-tête/le pied de page, dans le fond d'une forme ou d'une zone de texte, en filigrane, etc. Les TP de cette partie sont tous consacrés à l'intégration et aux manipulations des images dans Word. Commençons par compléter la fiche de cuisine créée au début de cet ouvrage avec une photo du plat proposé dans la recette.

Prérequis : néant
Fichier employé : fiche cuisine_3.docx
Temps de réalisation : 15 minutes

1 Ouvrez le fichier fiche cuisine_3.docx puis cliquez sur le bouton Image du ruban Insertion. Dans la boîte de dialogue Insérer une image, ouvrez le dossier contenant les fichiers associés aux TP et double-cliquez sur l'image Brioche.jpg. Si l'image à insérer dans votre document se trouve ouverte dans une autre application, vous pouvez aussi cliquer-droit dessus et choisir Copier, puis cliquer-droit dans le document Word puis choisir Coller.

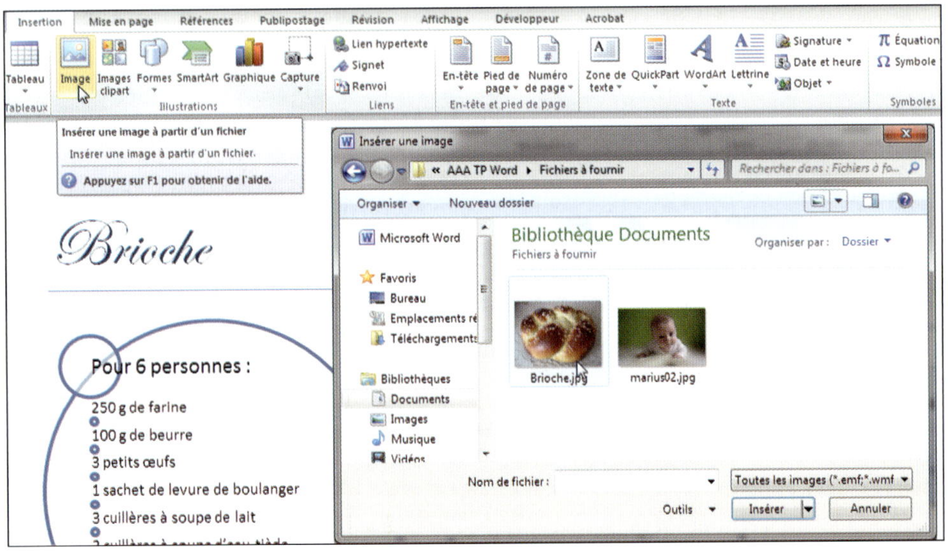

2 La façon dont l'image va initialement s'afficher dans le document dépend de la configuration des paramètres avancés de Word. S'ils n'ont jamais été modifiés, l'image va être insérée comme alignée sur le texte. Dans ce cas, elle fonctionne comme un caractère de texte et il est difficile de la positionner sur un emplacement vide de la fiche. Pour changer son comportement, cliquez dessus pour la sélectionner puis, sur le ruban Format des Outils Image, cliquez sur le bouton Renvoyer à la ligne automatiquement et choisissez l'option Devant le texte.

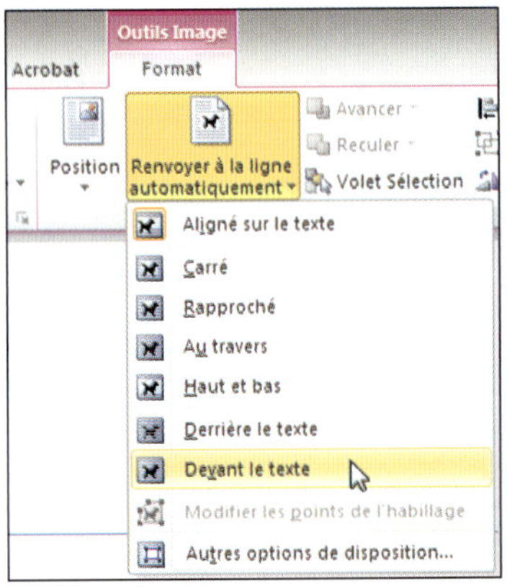

3 L'image semble maintenant « flotter » au-dessus de la fiche. Positionnez le pointeur au-dessus (il se transforme en quadruple flèche) et faites-la glisser sous le temps de préparation. Placez ensuite le pointeur sur un coin et agrandissez-la. L'introduction de cette image transforme radicalement notre fiche recette. Nous allons tester deux autres solutions pour insérer cette image : en filigrane derrière le texte et dans le graphique SmartArt.

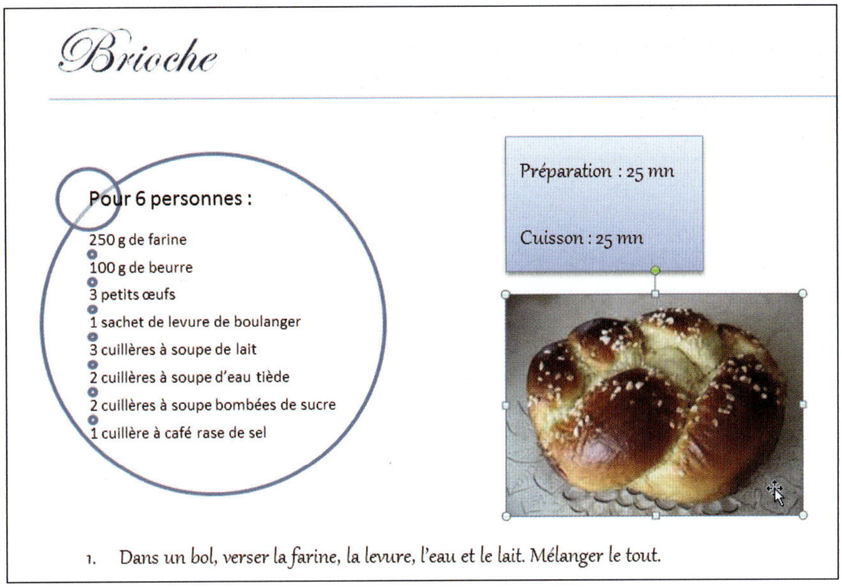

4 Commençons par la solution du filigrane. Faites glisser un coin de l'image et déplacez-la afin d'adapter ses dimensions à celles de la partie supérieure de la fiche. Cliquez ensuite sur le menu Couleur à gauche du ruban Format et choisissez l'option Estompé. Notez que ce menu propose de nombreuses options pour recoloriser votre image.

5 À ce stade, l'image masque toute la partie de la fiche qu'elle recouvre puisque nous l'avions inséré comme « devant le texte ». Pour faire réapparaître ce dernier, ouvrez le menu Reculer du ruban Format puis choisissez l'option Derrière le texte. Cliquez sur le ruban Affichage puis sur Lecture plein écran pour visualiser l'effet obtenu. La fiche est très différente de la version précédente mais tout aussi intéressante.

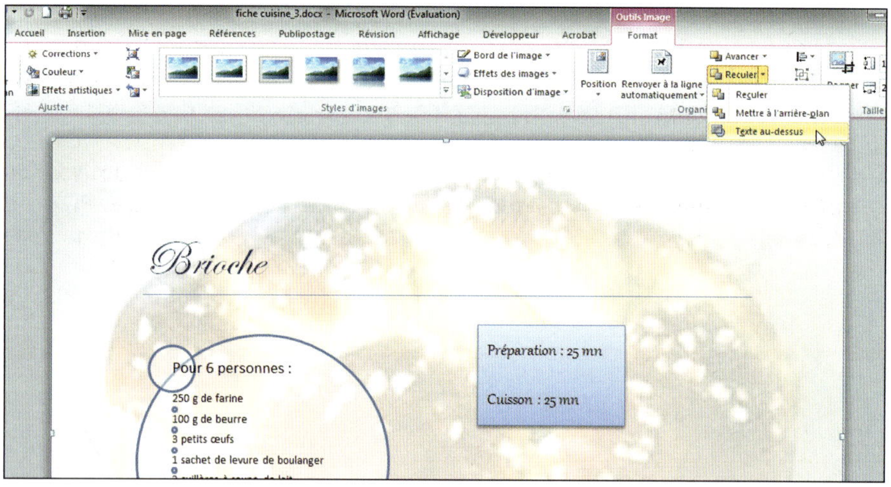

6 Nous allons maintenant transférer l'image dans le fond du graphique SmartArt. Cliquez sur l'image puis activez le raccourci clavier Ctrl+X ou cliquez-droit dessus puis choisissez Couper. L'image est transférée dans le Presse-papiers de l'ordinateur. Vous pouvez d'ailleurs la visualiser en cliquant sur le lanceur de boîte de dialogue Presse-papiers à gauche du ruban Accueil. Ensuite, cliquez-droit sur la bordure ronde du graphique puis choisissez l'option Format de la forme.

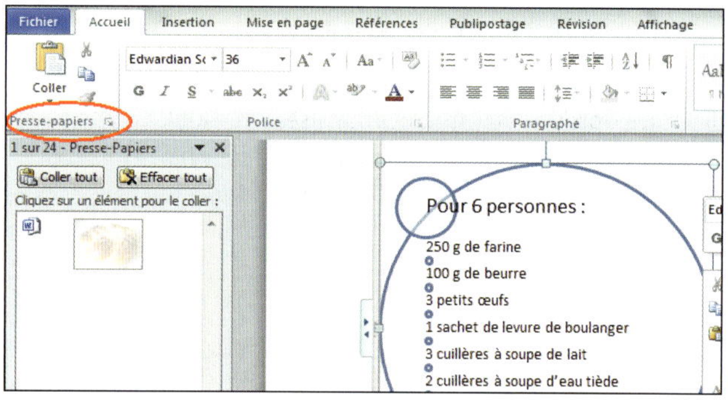

7 Sur l'onglet Remplissage, cochez la case Remplissage avec image ou texture puis cliquez sur le bouton Presse-papiers. L'image s'affiche aussitôt dans le fond de la forme mais elle est déformée car étirée pour remplir toute la surface. Pour redonner à la brioche une forme plus rectangulaire, affichez la valeur 10 % dans les deux champs Haut et Bas. Notez que si l'image n'avait pas été préalablement estompée, vous auriez pu le faire aussi à ce niveau en déplaçant le curseur de transparence en bas.

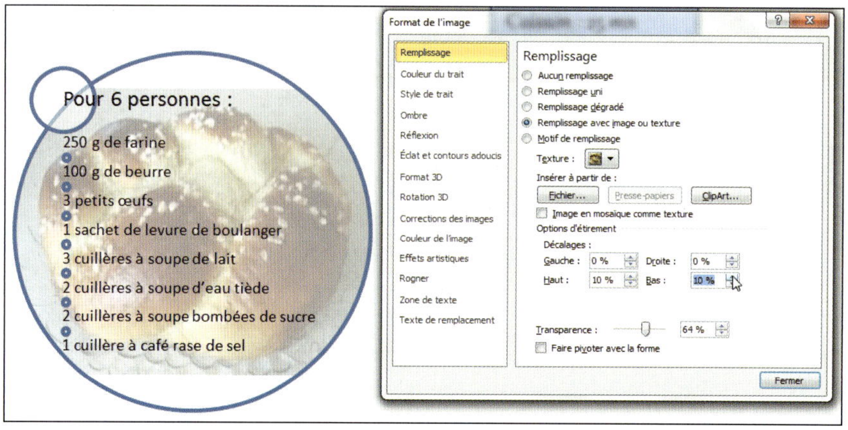

TP 7 Créer un album photo

Les TP 7 à 9 ainsi que le TP 14 présentent les différentes activités liées à l'élaboration d'un album photo. L'insertion et la retouche des images dans Word sont tellement simples, que cela devient un plaisir de composer des pages entières de photos. Inutile de perdre du temps à maîtriser un programme de traitement d'images compliqué, Word propose même les principales fonctions de correction. Vous insérez les images, vous les redimensionnez, vous les déplacez puis vous les commentez en quelques clics. Autre avantage, vous pouvez transformer votre album en pages PDF d'un simple clic et les partager avec vos proches. Ils recevront ainsi un seul fichier à lire sous Adobe Reader.

Prérequis : TP6
Fichier employé : vos photos
Temps de réalisation : 10 minutes

1 Puisque nous travaillons dans Word, nous n'allons pas nous contenter d'arranger les photos sur un fond blanc. Un joli cadre apportera une touche d'originalité et fera ressortir vos images. Ouvrez un nouveau document puis cliquez sur le bouton Bordures de page du ruban Mise en page. Ouvrez le menu Motif dans le bas de la boîte de dialogue Bordure et trame et choisissez un motif. Cliquez sur OK.

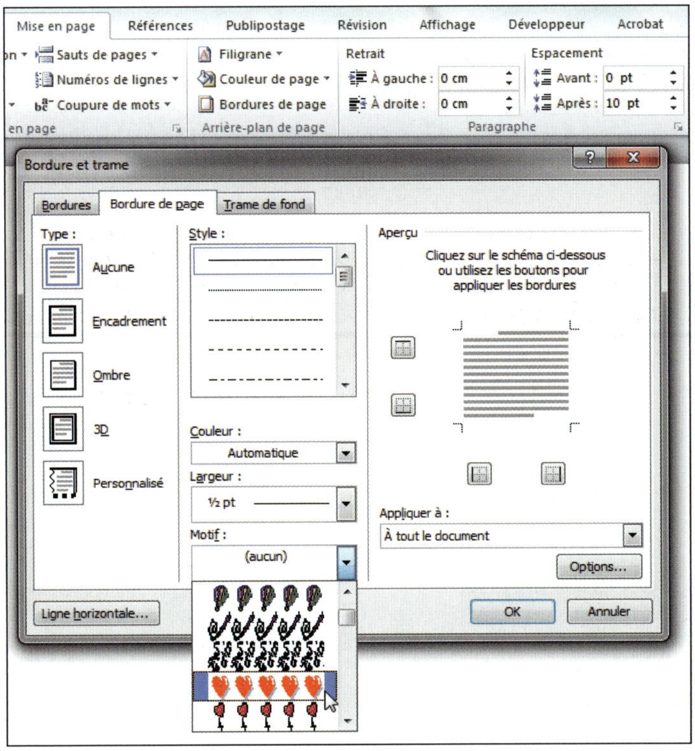

2 Insérez vos photos en mode Devant le texte, comme expliqué dans le TP 6. N'oubliez pas de cliquer dans la page avant d'insérer une photo (la précédente ne doit plus être sélectionnée). Redimensionnez-les en faisant glisser un de leurs coins pour ne pas les déformer. Si vous avez déformé malencontreusement une image, annulez simplement la dernière action (Ctrl+Z) puis recommencez avec le coin. Si elles se chevauchent, c'est la dernière ajoutée qui se trouve au-dessus. Pour changer l'ordre, cliquez-droit sur la photo et choisissez Mettre au premier plan ou Mettre à l'arrière-plan.

3 Pour insérer une date ou un commentaire, cliquez sur le bouton Zone de texte du ruban Insertion, puis choisissez la zone de texte simple. Faites ensuite glisser la zone de texte là où vous désirez afficher le commentaire (positionnez le pointeur sur la bordure puis cliquez et glissez dès qu'il se transforme en quadruple flèche) et redimensionnez-la pour l'adapter à l'espace libre. Cliquez dans la zone puis saisissez directement le texte, inutile d'effacer d'abord le texte initial.

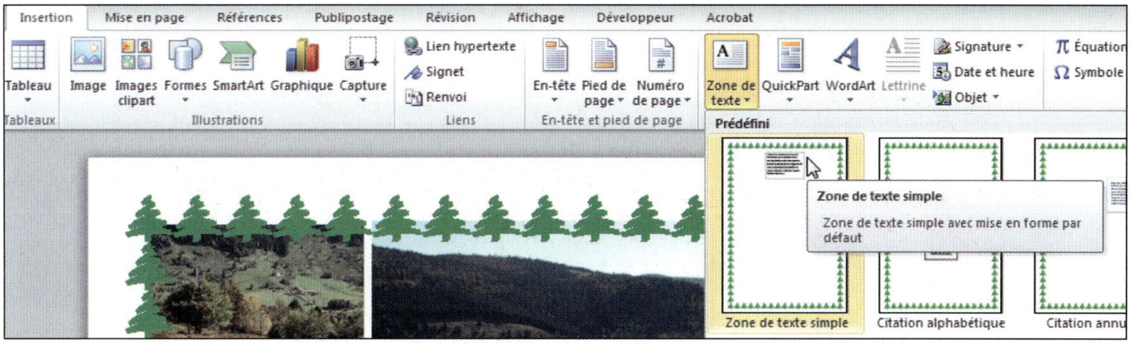

4 Une fois que le texte est saisi, sélectionnez-le puis choisissez une taille de police appropriée. Pour tester rapidement différentes tailles, cliquez dans la case Taille de police du ruban Accueil (les chiffres deviennent bleus) puis servez-vous des flèches haut et bas du clavier pour réduire ou augmenter respectivement la taille des caractères.

5 Si vous désirez conserver uniquement le texte, effacez la bordure comme expliqué au TP3. Sinon, cliquez sur le ruban Format des outils de dessin, sur le bouton Autres de la galerie des thèmes de remplissage, puis sur le thème qui vous convient. Notez que la zone de texte change de couleur à mesure que le pointeur survole les différents modèles proposés.

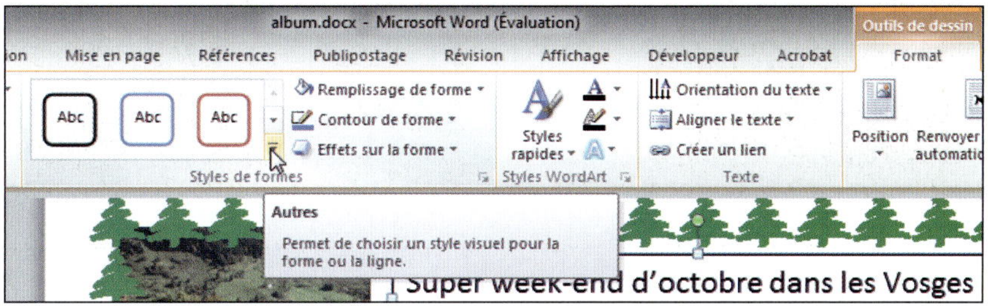

6 Pour commenter une image, il suffit d'insérer une forme et il en existe de tous les styles pour créer des effets amusants. Cliquez sur le bouton Formes du ruban Insertion et choisissez un modèle dans la section Bulles et légendes de la galerie par exemple.

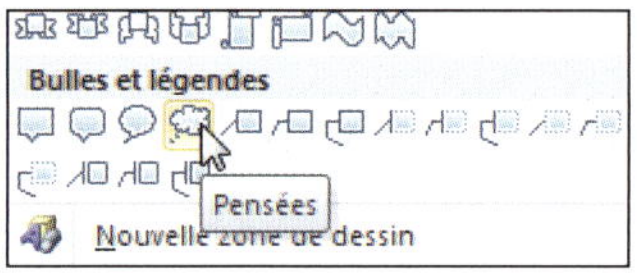

7 Le pointeur prend la forme d'une croix. Cliquez et glissez pour dessiner la bulle. Faites ensuite glisser le losange jaune pour associer cette bulle à un sujet de la photo, à la manière d'une BD.

8 Les formes ne sont pas forcément destinées à recevoir du texte, c'est pourquoi il faut préciser ses intentions si on désire écrire dessus. Cliquez-droit sur la forme, choisissez Modifier le texte puis ajustez la police et la taille des caractères comme vous l'aviez fait dans la zone de texte.

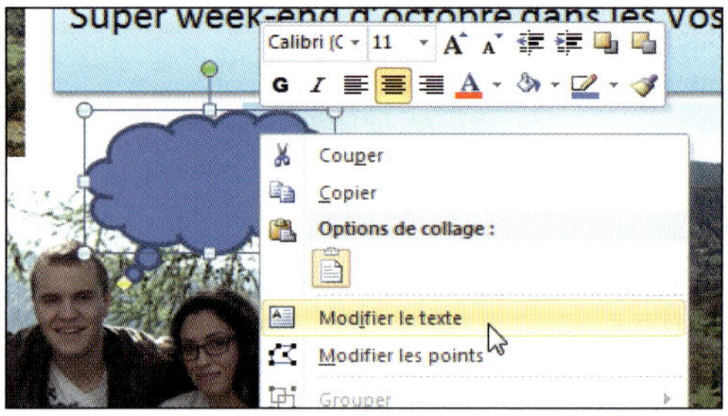

9 Pour changer la couleur du cadre et du remplissage de la forme, servez-vous des boutons Remplissage de forme et Contour de forme du ruban Format (Outils de dessin). N'oubliez pas que ce ruban n'est affiché que lorsque la forme est sélectionnée. Pour terminer, parcourez les effets proposés dans la galerie des effets de forme. L'option Biseau, en particulier, donne un bon résultat avec une bulle de texte.

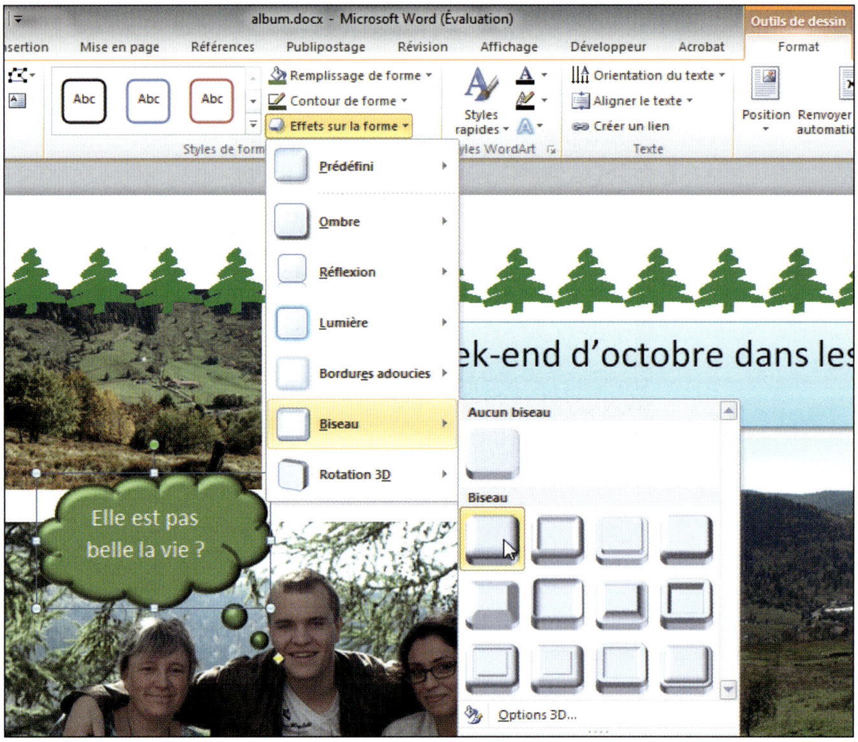

TP 8

Recadrage original d'une photo

Lorsqu'on prend une photo, on se concentre sur le sujet et il arrive que l'arrière-plan ne soit pas idéal ou que le sujet ne soit pas correctement cadré. Si la photo a été prise très rapidement, il se peut qu'elle ne soit pas parfaitement nette ou que l'exposition laisse à désirer. Même s'il ne faut pas en attendre des miracles, les outils de correction de Word sont vraiment efficaces.

Prérequis : aucun
Fichier employé : vos photos
Temps de réalisation : 20 minutes

1 Pour recadrer une photo, cliquez dessus puis sur le bouton Rogner du ruban Format. Les poignées qui servent d'habitude à redimensionner l'image prennent la forme de coins. Rapprochez le pointeur d'un de ces coins jusqu'à ce qu'il prenne la même forme puis cliquez et glissez. La surface de l'image se réduit. Recommencez avec les autres coins jusqu'à ce que l'image soit correctement cadrée. Terminez en appuyant sur Entrée.

2 Une fois que vous avez recadré l'image, vous pouvez très bien la redimensionner comme s'il s'agissait d'une image « complète ». Cliquez ensuite sur le bouton Corrections (en version 2010) ou sur les boutons Luminosité et contraste (version 2007) puis faites passer le pointeur au-dessus des différentes vignettes en observant le résultat sur la photo. Cliquez dès que la correction produit un bon résultat.

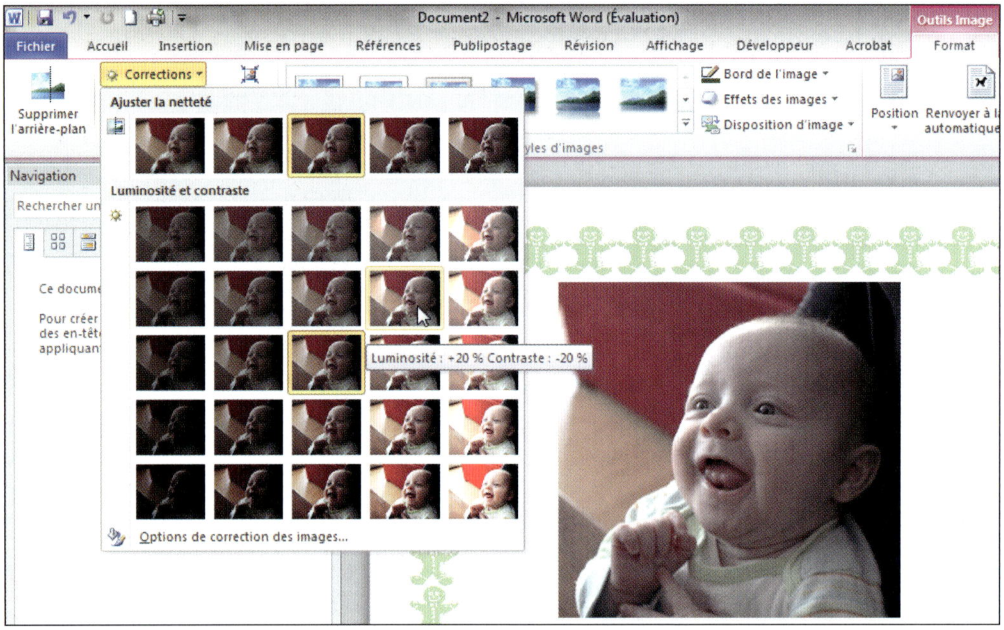

3 Vous avez remarqué que l'outil Rogner ne permettait de recadrer l'image que sous forme de rectangle. Pour ajouter une touche d'originalité, vous avez deux solutions. La première consiste à ajouter une combinaison d'effets à l'image rectangulaire. Cliquez sur l'image puis sur le bouton Effets des images (Word 2010) sur le ruban Format (Outils Image). Word 2007 propose uniquement une galerie d'effets d'ombre.

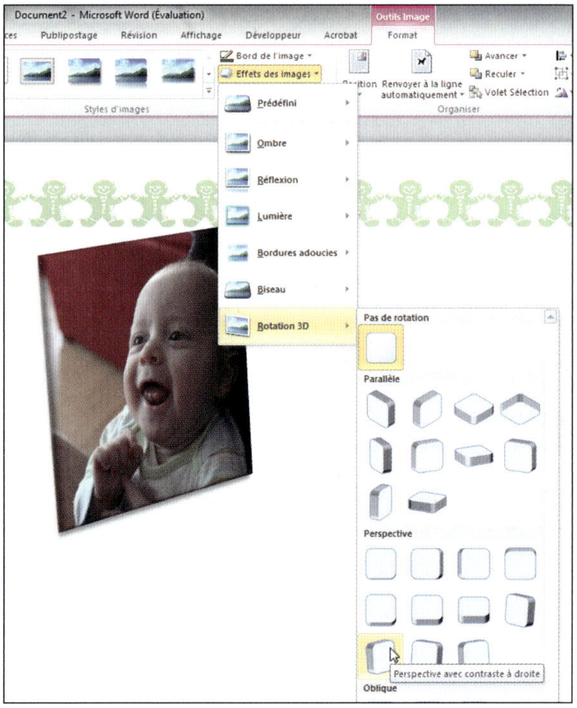

4 L'autre solution consiste à insérer l'image en fond d'une forme, ce qui permet de lui donner n'importe quelle forme comme si elle avait été recadrée ainsi. Commencez par dessiner votre forme en cliquant sur le bouton Forme du ruban Insertion, sur une de celles proposées dans la galerie, puis en faisant glisser le pointeur dans le document. Cliquez ensuite sur le bouton Remplissage de forme, choisissez l'option Image, localisez le fichier de l'image et double-cliquez dessus.

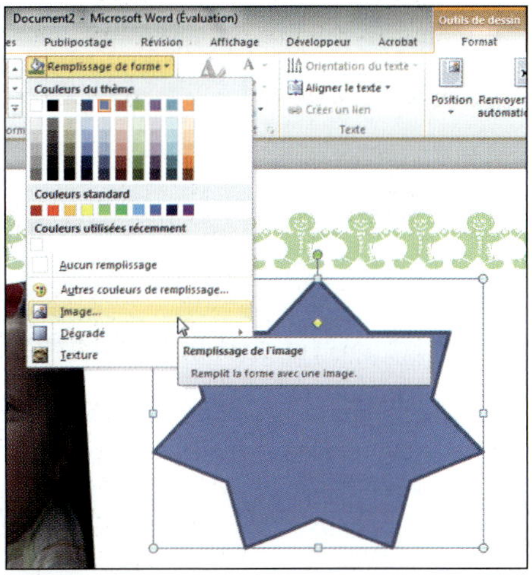

5 Une fois que l'image est insérée dans la forme, le ruban Format des outils Image s'ajoute à celui des outils de dessin. Vous avez ainsi à votre disposition tous les outils de retouche et d'effets d'image que vous pouvez appliquer à la forme. Vous avez donc la possibilité d'éclaircir l'image, d'en améliorer la netteté ou le contraste, comme si vous l'aviez directement insérée dans le document.

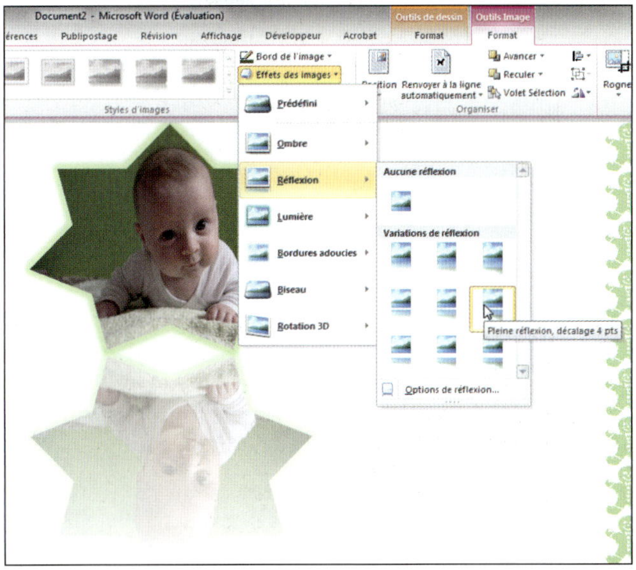

6 Si vous ne trouvez pas votre bonheur dans la liste des formes automatiques de Word, vous avez aussi la possibilité d'utiliser la bibliothèque des Cliparts. Cliquez sur le bouton Images Cliparts du ruban Insertion puis saisissez Formes dans le champ Rechercher de la galerie des Images Clipart. Assurez-vous que la case Inclure le contenu Office.com soit cochée, le choix en sera d'autant plus grand.

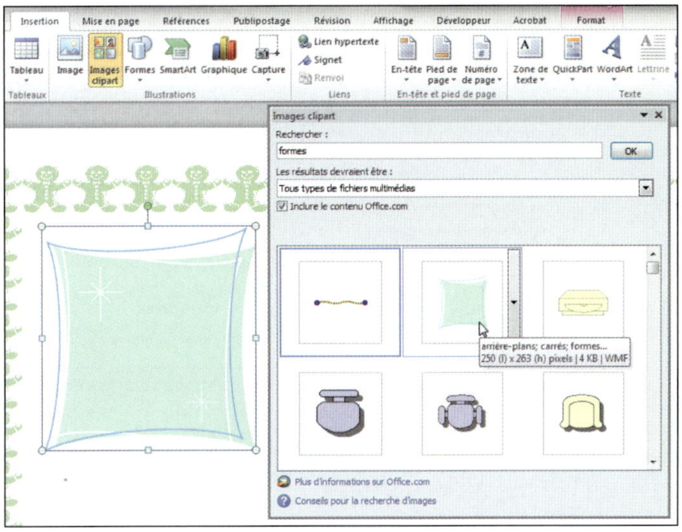

7 Cliquez-droit sur le clipart et choisissez Format de l'image. Dans la boîte de dialogue de même nom, cliquez à gauche sur Remplissage puis cochez à droite l'option Remplissage avec image ou texture. Cliquez sur le bouton Fichier, localisez le fichier de l'image puis double-cliquez dessus. L'image apparaît dans la partie transparente de la forme. Pour la révéler complètement, vous allez demander à Word d'appliquer une transparence. Comme Word ne peut rendre transparente qu'une seule couleur, cette technique ne fonctionne qu'avec les formes unies.

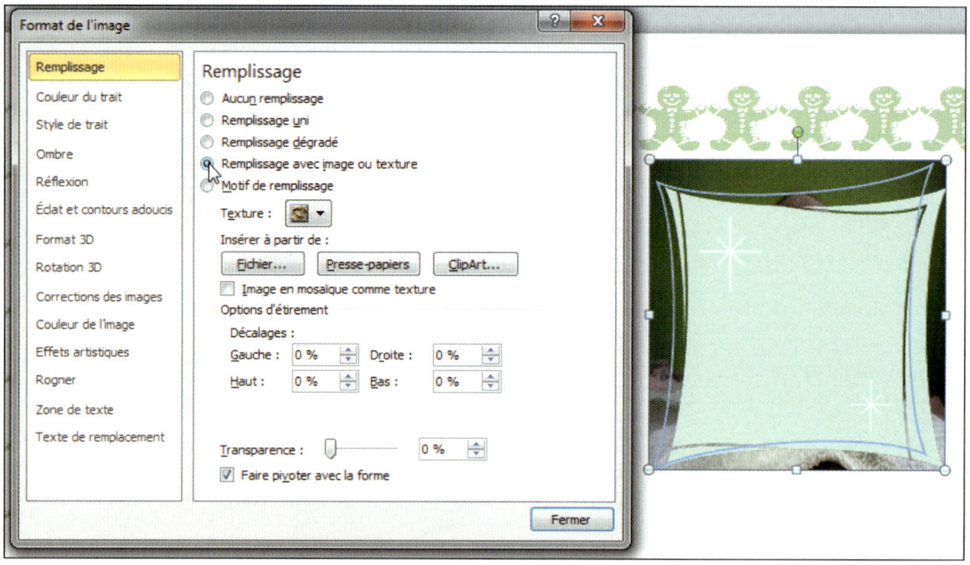

8 Le clipart étant toujours sélectionné, ouvrez le menu Couleur du ruban Format (menu Recolorier en 2007), choisissez Couleur transparente puis cliquez sur le clipart. L'image apparaît alors complètement dans son cadre original.

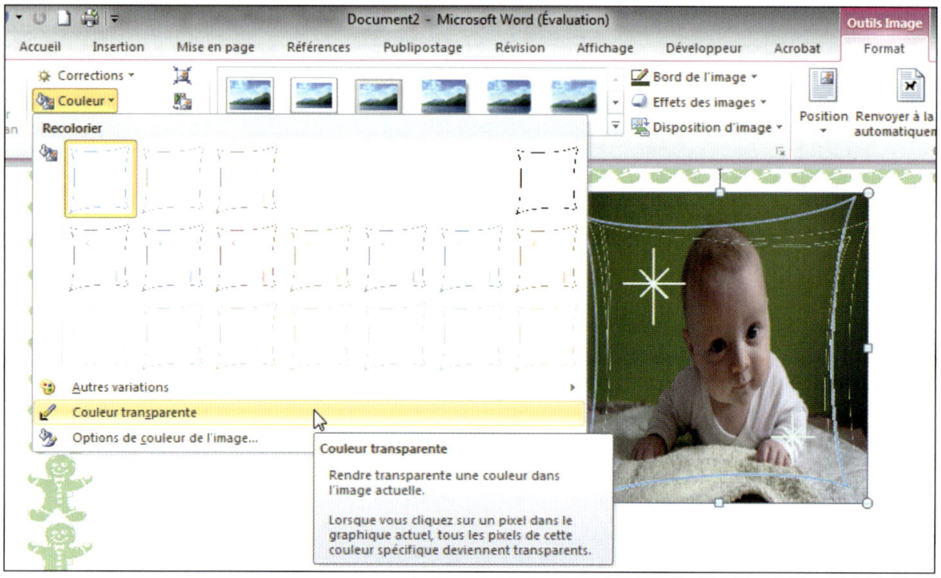

9 En appliquant le principe de la page précédente, vous pouvez en fait insérer votre image dans n'importe quelle forme, à condition que vous trouviez une image unie de cette dernière (cette technique ne s'applique qu'à Word 2010). Dessinez-la tout simplement, ou lancez une recherche sur Internet. Tapez, par exemple, les mots-clés « Silhouette chat » dans Google. Affichez en grand celle qui vous plaît, cliquez-droit dessus et choisissez Copier.

10 Collez-la dans votre document Word, puis répétez les étapes 6 et 7 précédentes. L'inconvénient de cette méthode, c'est que vous ne pouvez pas repositionner l'image à l'intérieur de la forme, il faut donc en trouver une qui soit adaptée. Si l'image comporte un cadre comme dans l'exemple ci-dessous et que vous désirez le supprimer, servez-vous simplement de l'outil Rogner.

11 Attention, l'insertion d'images dans un document augmente sa taille très rapidement. Si vous avez rogné des images, les parties masquées sont toujours enregistrées dans le document et alourdissent inutilement le fichier. Cliquez sur une image puis sur le bouton Compresser les images du ruban Format (Outils Image). Dans la section Options de compression, cochez uniquement Supprimer les zones de rognage des images puis une option de sortie. Terminez en cliquant sur OK.

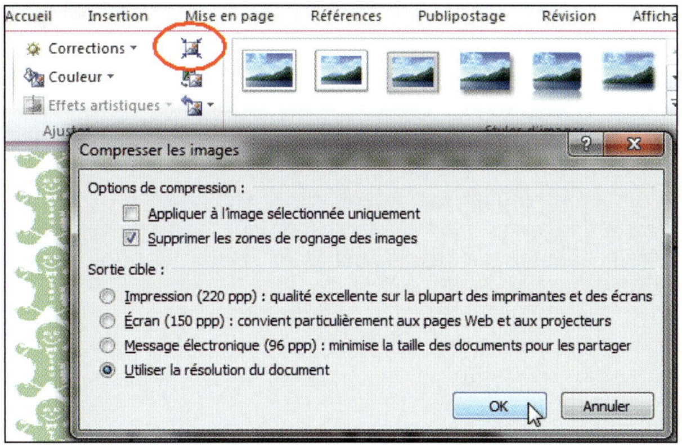

TP 9 Transformer une photo

Ce TP et le TP13 présentent de nouveaux outils d'images époustouflants de Word 2010. La fonction Supprimer l'arrière-plan et les effets artistiques offrent des fonctions autrefois réservées à des outils de retouche d'images tels que le fameux Photoshop d'Adobe. On peut dire clairement qu'aujourd'hui Word n'est plus un simple traitement de texte mais un logiciel complet de traitement de texte et d'images.

Prérequis : aucun
Fichier employé : vos photos
Temps de réalisation : 5 minutes

1 Cliquez sur l'image de votre document pour la sélectionner puis sur Effets artistiques. Observez le résultat des différents effets sur votre image en passant le pointeur de la souris au-dessus. Cliquez sur l'effet choisi.

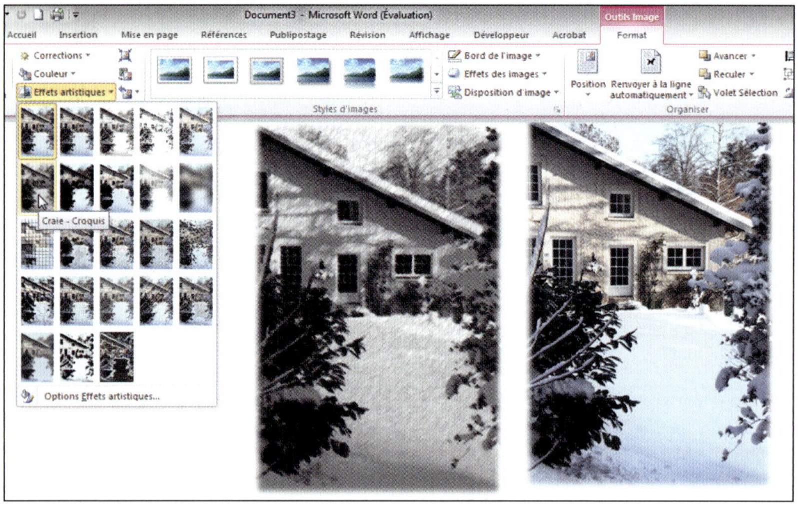

2 Ouvrez de nouveau le menu Effets artistiques et cliquez sur Options effets artistiques. La fenêtre Format de l'image s'ouvre sur les options associées à l'effet sélectionné. Changez les valeurs et observez le résultat sur l'image. Vous allez obtenir différentes nuances plus ou moins proches de l'image initiale. Cliquez sur Réinitialiser pour rétablir la photo sans effet.

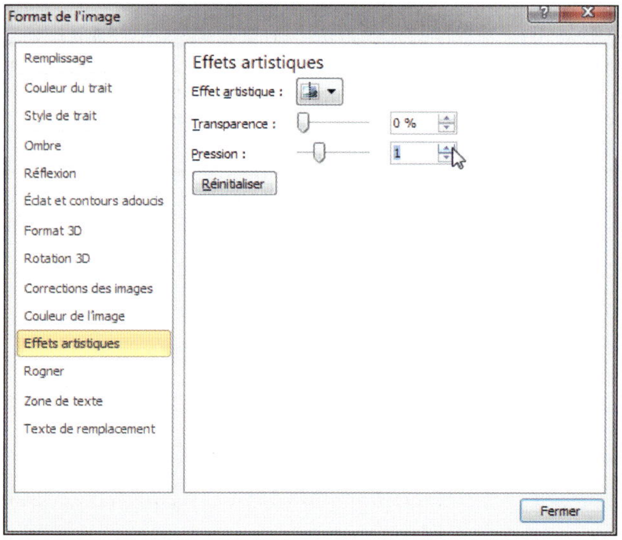

TP 10 Mini-journal à partir d'un modèle Microsoft

Comme pour l'insertion d'images dans le TP 6, celui-ci et les suivants illustrent trois méthodes pour atteindre le même résultat. À vous de choisir ensuite celle qui vous semble la plus naturelle. L'objectif est de créer un document de type journal sur plusieurs colonnes, mêlant du texte et des images.

Prérequis : néant
Fichier employé : néant
Temps de réalisation : 15 minutes

1 La première règle lorsqu'on décide de créer un document un peu technique pour lequel on ne maîtrise pas toutes les subtilités consistent à examiner l'ensemble des modèles fournis par Microsoft. Si l'un d'entre eux se rapproche suffisamment du document à créer, cela permet d'avoir une base et ainsi de ne pas partir de zéro. Cliquez sur l'onglet Fichier puis sur Nouveau. Le volet central présente sur la première ligne vos modèles locaux, et dans la section intitulée Modèles Office.com, les catégories de modèles proposés par Microsoft. En version 2007, ces catégories sont affichées dans la colonne de gauche de la boîte de dialogue Nouveau document. Cliquez sur Bulletins d'informations qui est la catégorie correspondant à des documents de type journal.

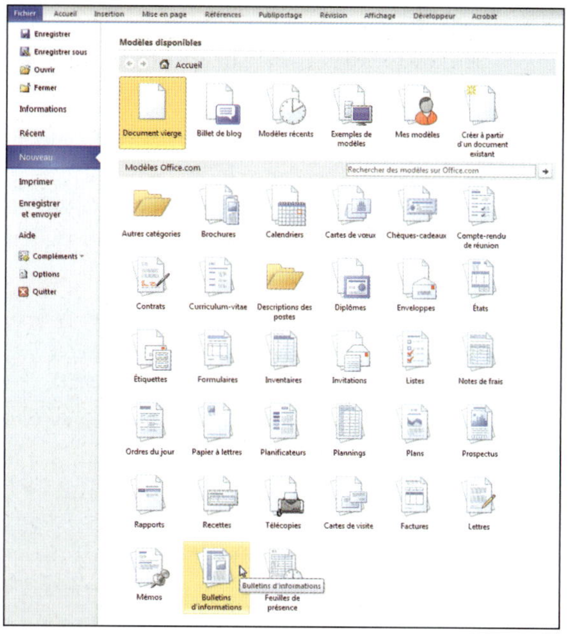

2 Le volet central affiche maintenant des miniatures des différents modèles proposés. Cliquez sur chacune d'elles pour afficher l'aperçu dans le volet de droite. Une infobulle propose également une mini-description du document. Pour ce TP, cliquez sur Bulletin d'informations d'une école puis sur le bouton Télécharger dans le bas du volet de droite. Le document s'affiche dans Word après quelques secondes (ce fichier se trouve aussi dans les fichiers d'exercice sous le nom Bulletin-informations-école.docx).

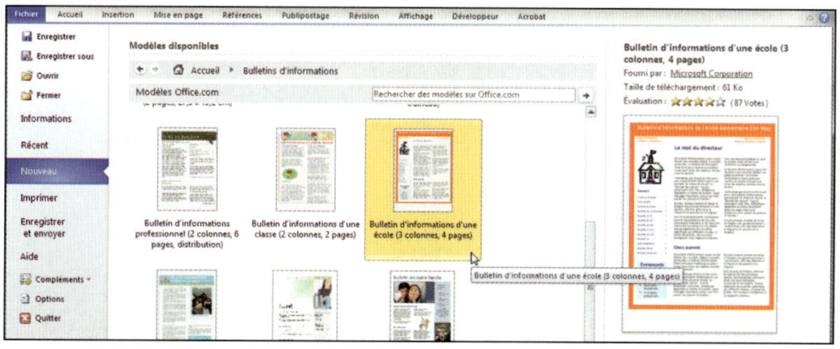

3 Ce bulletin est constitué d'une page de garde avec le titre et le sommaire à gauche, et de plusieurs autres pages d'articles. Cliquez sur les différentes zones de la première page. Vous allez constater qu'elle est entièrement constituée de zones de texte. Cliquez sur le bouton Afficher tout (¶) du ruban Accueil afin d'examiner de près la mise en forme dans ces zones de texte. Vous constatez, en particulier, que les numéros de page du sommaire sont alignés à droite grâce à une tabulation entre la fin du titre de l'article et le numéro de page.

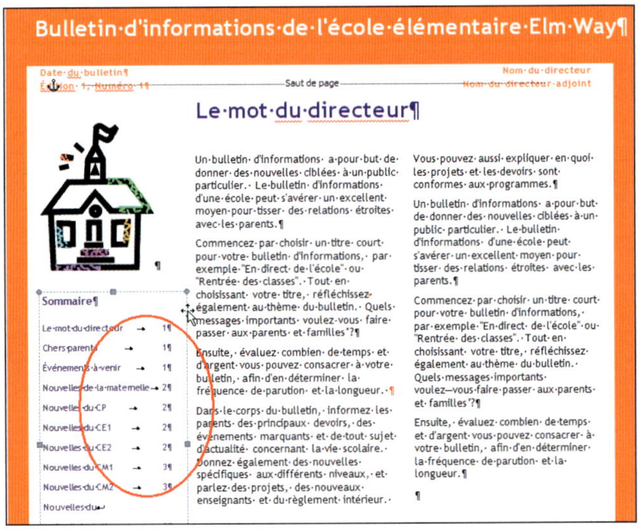

4 Il ne reste plus qu'à remplacer le texte du modèle par le vôtre, à modifier la longueur des zones de texte pour les adapter à vos articles, à remplacer les images et à supprimer les zones de texte éventuellement en trop. Attention, pour supprimer une zone de texte de façon simplifiée, cliquez d'abord sur le bouton Sélectionner à droite du ruban Accueil puis choisissez Sélectionner les objets. Cliquez ensuite sur la zone de texte (un encadré avec des poignées grises apparaît) puis sur la touche Suppr.

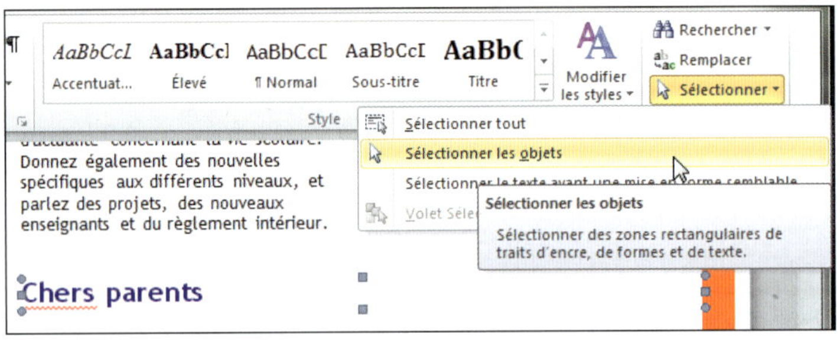

5 Pour ajuster la taille d'une zone de texte, faites glisser la poignée de sa bordure inférieure de haut en bas. La largeur ne doit pas être modifiée si vous désirez conserver la structure en trois colonnes.

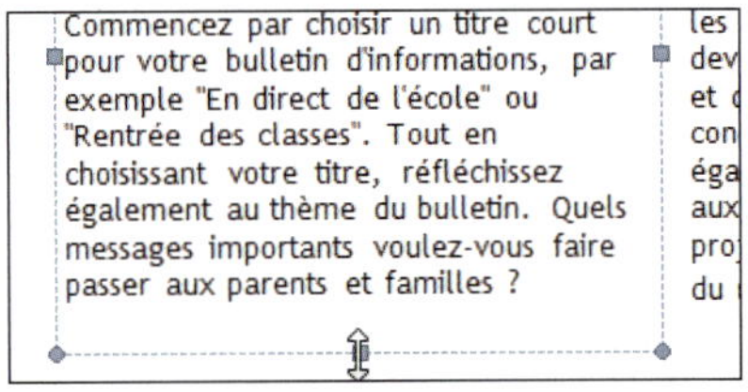

TP 11

Créer un mini-journal en colonnes

Dans ce TP, nous allons réaliser un journal en nous inspirant du TP précédent, mais sans l'aide d'un modèle. Avec un journal entièrement basé sur des zones de texte comme celui du bulletin de l'école, nul besoin de faire appel aux fonctions de mise en page de Word. Il suffit de découper la page comme bon nous semble avec les zones puis de les remplir. Ce TP va au contraire vous faire découvrir et utiliser bon nombre des fonctions du ruban Mise en page.

Prérequis : néant
Fichier employé : journal.docx, école.png
Temps de réalisation : 20 minutes

1 Ouvrez le document journal.docx. Il contient le texte des articles de la première page du journal que nous allons mettre en forme. La première opération consiste à réserver à gauche la place pour le bandeau du sommaire ou toute autre illustration que vous voudriez insérer. Pour cela, il suffit d'augmenter la taille de la marge : sur le ruban Mise en page, cliquez sur le bouton Marges puis sur Marges personnalisées tout en bas.

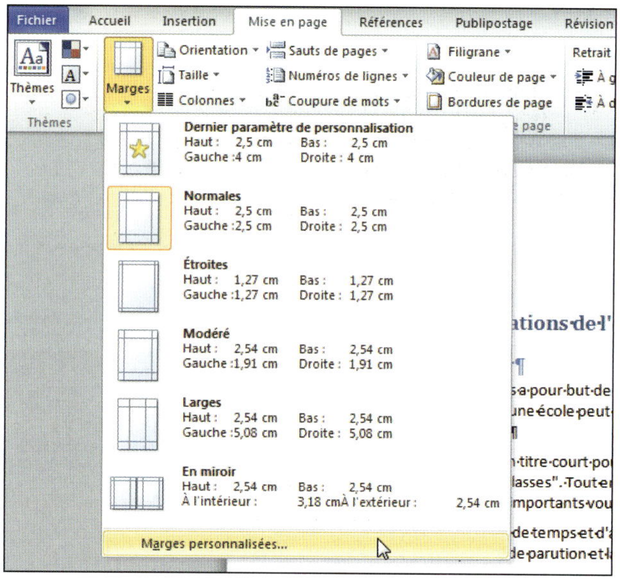

2 Dans la boîte de dialogue Mise en page, saisissez 5 comme valeur de marge gauche puis appuyez sur Entrée. Tout le texte se décale vers la droite. Retenez cette technique simple dès que vous avez besoin d'afficher facilement sur une page des images ou commentaires. L'agrandissement d'une des quatre marges réserve automatiquement de la place pour les éléments extérieurs au texte.

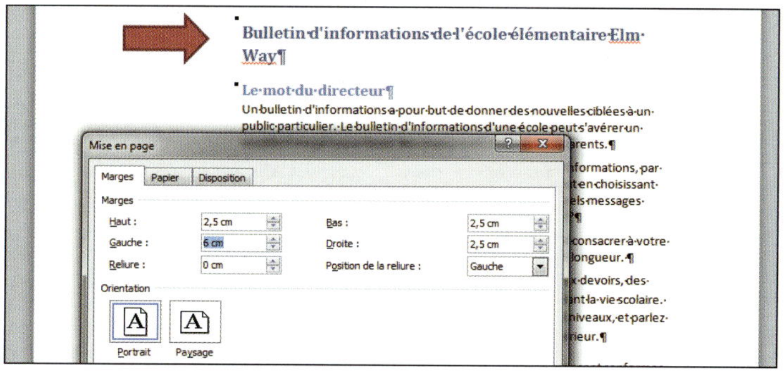

3 Puisque le titre doit tenir sur une ligne, cliquez dessus (n'importe où sur la ligne), puis sur le lanceur de boîte de dialogue Paragraphe du ruban Accueil puis saisissez -1 dans les deux champs Retrait gauche et droite. Un retrait négatif à gauche ou à droite permet respectivement de débuter ou de terminer une ligne dans la marge.

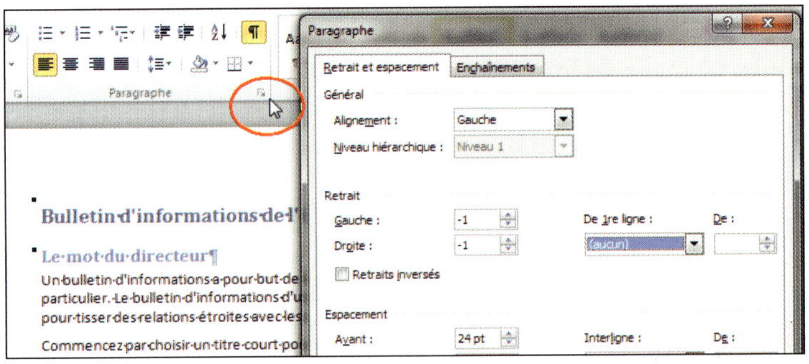

4 Sélectionnez ensuite le texte du premier article (intitulé Le mot du directeur), cliquez sur le bouton Colonnes du ruban Mise en page et choisissez Deux. Notez que Word a automatiquement inséré un saut de section avant et après le texte, afin de ne pas modifier la mise en page du reste du document (voir TP4). Renouvelez l'opération avec le second article.

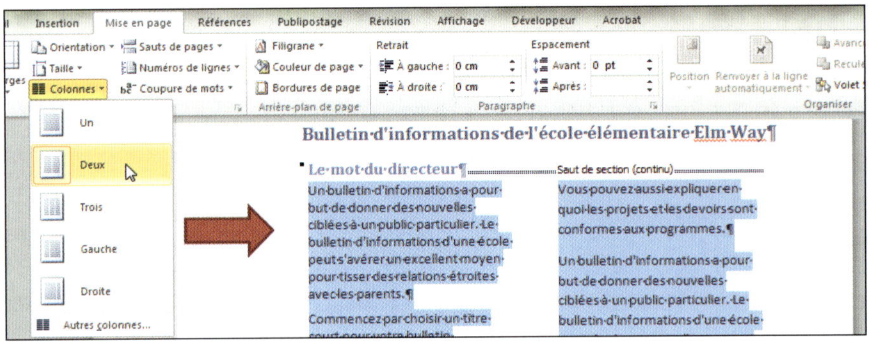

5 Vous allez maintenant créer le bandeau de la marge gauche. Cliquez sur le bouton Zone de texte du ruban Insertion puis sur le premier modèle intitulé Zone de texte simple. Déplacez cette zone vers le coin supérieur gauche de la page en plaçant le pointeur de la souris sur une bordure puis en la faisant glisser. Faites la même opération sur un coin pour redimensionner la zone de telle sorte que celle-ci recouvre toute la hauteur de marge.

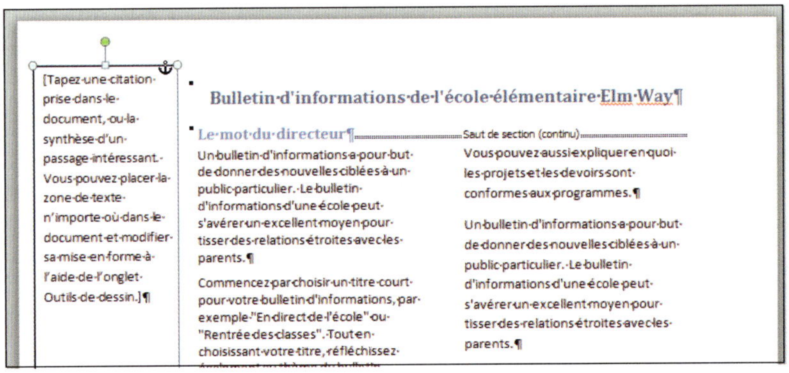

6 Cliquez à l'intérieur de la zone de texte, saisissez Sommaire puis cliquez sur le bouton Titre 1 du ruban Accueil. Une zone de texte se comporte exactement comme une page Word : vous pouvez appliquer au texte qu'elle contient tous les styles et mises en forme proposés sur le ruban Accueil. Activez la touche Entrée pour passer à la ligne.

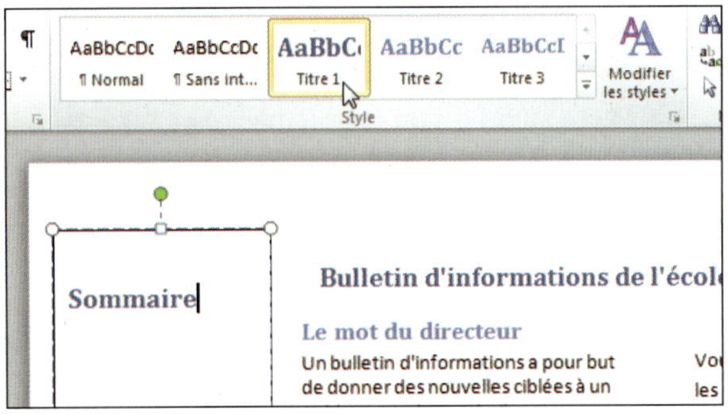

7 Tapez simplement Article, appuyez sur la touche tabulation puis saisissez 1. Cliquez sur le bouton Afficher tout (¶) du ruban Accueil afin d'examiner de près la mise en forme. Vous constatez que la tabulation doit être déplacée plus à droite pour que les numéros de page s'alignent bien sur le côté droit de la zone de texte.

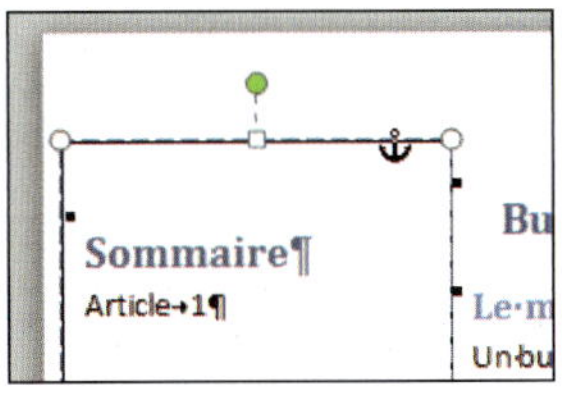

8 La position des taquets de tabulation par défaut (repères qui règlent la position du point d'insertion lorsque vous enfoncez la touche tabulation) est visible sur la règle. Cochez la case Règle du ruban Affichage puis cliquez de nouveau dans la zone de texte. Les taquets sont les petits traits verticaux affichés sous la règle et le chiffre 1 se trouve juste sous le premier.

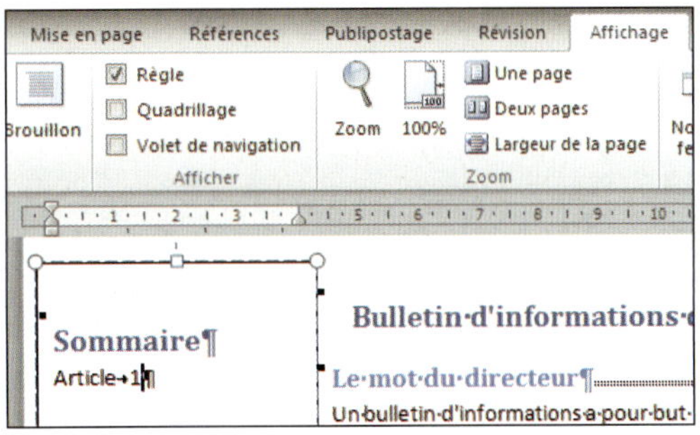

9 Cliquez sur la règle à l'emplacement où vous voudriez afficher les numéros de page. Un taquet de tabulation gauche s'affiche et le chiffre 1 se déplace automatiquement au-dessous.

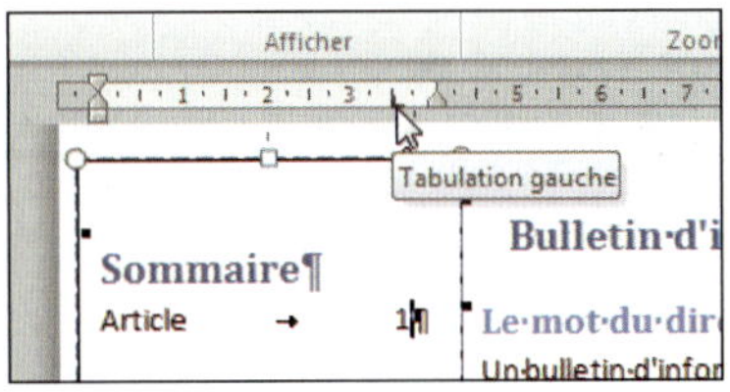

10 Remplacez Article par « Mot du directeur », ajoutez une ligne et saisissez « Chers parents, tabulation, 1 ». Vous ajouterez la suite du sommaire à mesure que vous avancerez dans la rédaction du journal.

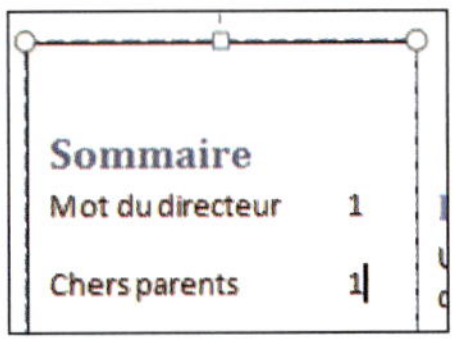

11 Le journal est un peu austère sous cette forme, nous allons ajouter une image et un élément courant dans les magazines : un extrait de l'article affiché en gros au centre de ce dernier. Cliquez devant le mot Sommaire puis sur le bouton Image du ruban Insertion. Localisez l'image école.png dans les fichiers de TP et double-cliquez dessus. Si elle s'affiche dans le document plutôt que dans la zone de texte, cliquez-droit dessus, choisissez Couper, puis cliquez-droit à gauche de Sommaire et choisissez Coller (ou la seconde icône des options de collage).

12 Cliquez ensuite dans le texte puis sur le bouton Zone de texte du ruban Insertion et choisissez le premier modèle. La zone de texte apparaît en mode Devant le texte. Cliquez sur le bouton Renvoyer à la ligne automatiquement du ruban Format (attention, la zone de texte doit être sélectionnée) puis choisissez Carré. Vous constatez que le texte se décale pour laisser la place à la zone de texte.

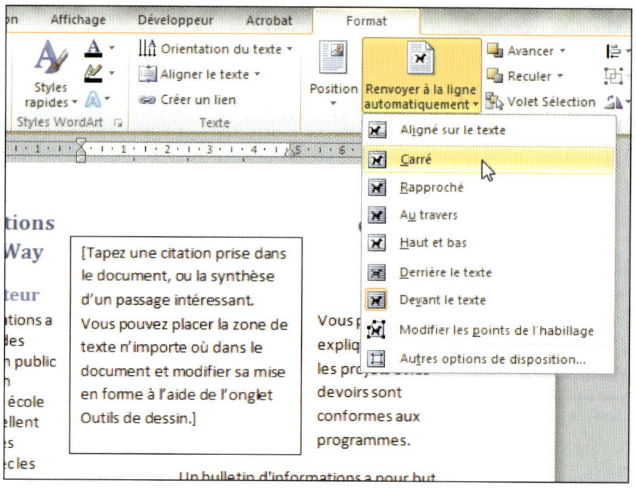

13 Saisissez dans la zone de texte un extrait pertinent de l'article et positionnez-la au centre de ce dernier. Sélectionnez le texte et agrandissez-le, puis supprimez la bordure de la zone de texte en cliquant sur le bouton Contour de forme du ruban Format puis sur l'option Sans contour.

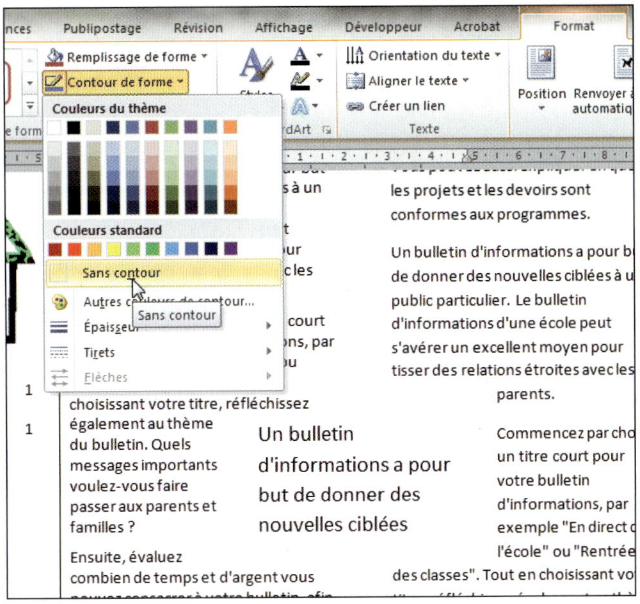

14 Il reste à ajouter de la couleur. Cliquez sur la zone de texte du sommaire puis choisissez un modèle dans la galerie des styles de forme (cliquez sur le bouton Autres pour ouvrir cette galerie). Notez que le fond de l'image adopte automatiquement la couleur de la zone de texte et ce parce qu'il s'agit d'une image au format PNG et que ce format conserve les zones transparentes d'une image alors que le format JPEG plus courant les transforme en zones blanches.

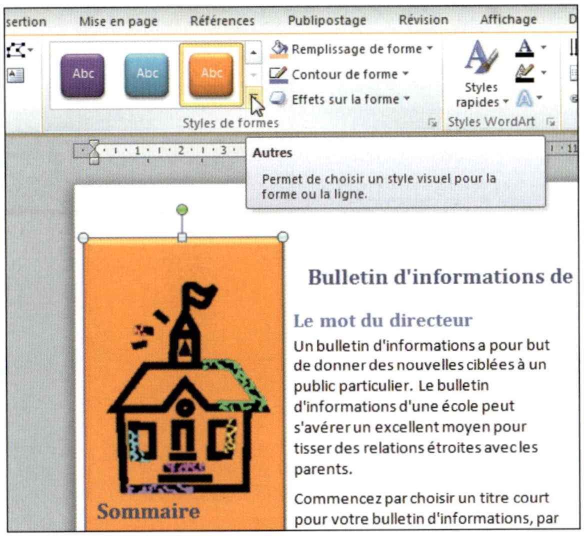

15 Sélectionnez ensuite le titre du journal, cliquez sur le bouton Trame de fond du ruban Accueil et choisissez une couleur assortie à celle de la zone de texte. Si la couleur est un peu foncée, choisissez une couleur de police blanche pour faire ressortir le texte et agrandissez-le.

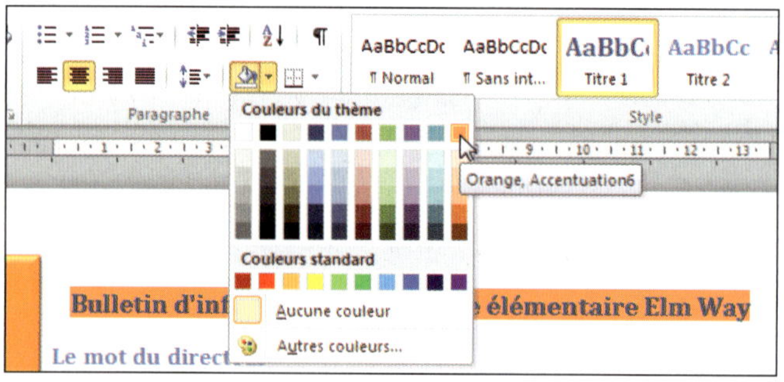

16 La première page du journal est terminée. Vous pouvez conserver cette mise en forme pour les pages suivantes, la grande marge gauche pouvant accueillir diverses images ou informations (toujours insérées dans une zone de texte). Vous avez aussi la possibilité « d'inverser » cette mise en page en rétablissant la marge gauche d'origine et en définissant la marge droite large. N'oubliez pas dans ce cas d'introduire un saut de section lors de chaque changement de mise en page comme cela est expliqué dans le TP4.

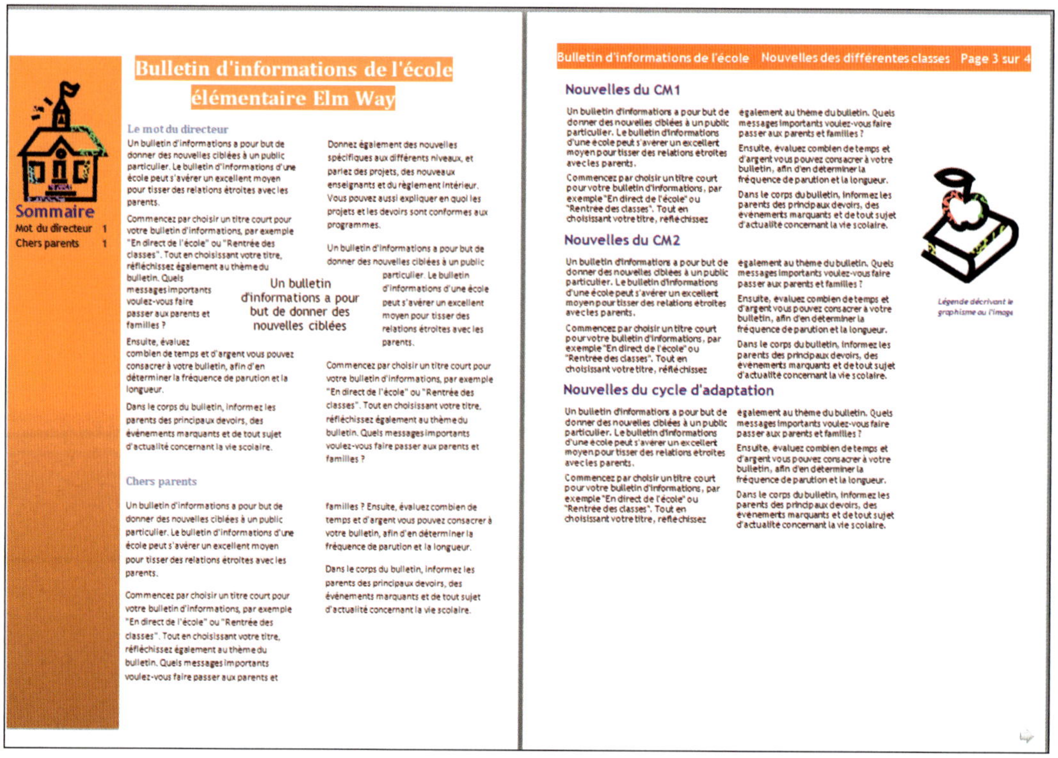

TP 12 Créer un modèle de journal à remplir

Dans ce dernier TP consacré au mini-journal, nous allons réaliser un modèle en organisant des espaces réservés au texte et aux images qu'il suffira ensuite de remplir. C'est tout à fait envisageable dans le cadre d'un journal ou d'un bulletin d'informations qui, par nature, conserve toujours la même mise en page. Ce modèle doit être conçu de telle sorte que le rédacteur se contente de saisir son texte au kilomètre, sans se préoccuper de l'emplacement dans lequel il doit le saisir. Nous n'aborderons ici que l'aspect fonctionnel du document, la partie esthétique pouvant être reprise dans d'autres TP plus spécifiques.

Prérequis : TP3 et TP11 pour la manipulation des formes et zones de texte
Fichier employé : néant
Temps de réalisation : 20 minutes

1 Ouvrez un nouveau document et dessinez une forme de 20x5 cm pour l'en-tête du journal : cliquez sur le bouton Formes du ruban Insertion puis sur l'icône du Rectangle. Cliquez et glissez le pointeur de la souris en diagonale pour dessiner le rectangle (ne vous préoccupez pas de sa taille à ce stade).

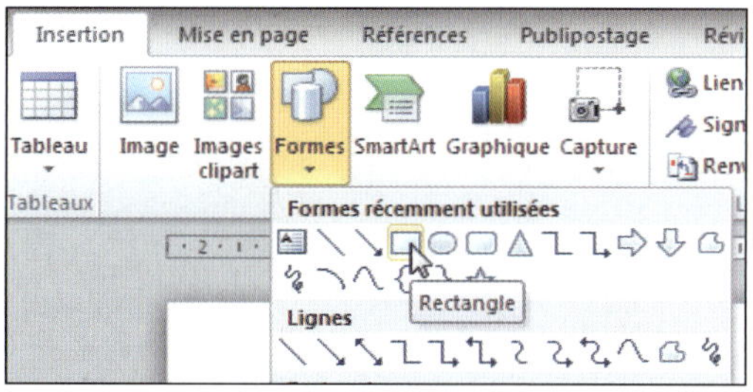

2 La forme étant toujours sélectionnée, cliquez sur le ruban Format, saisissez à droite ses dimensions puis choisissez un modèle dans la galerie des styles. N'oubliez pas que ce bandeau est l'en-tête du journal, il doit donc être « accrocheur ». Prenez aussi en compte la présence ou non de couleurs dans le document final (si ce dernier est imprimé).

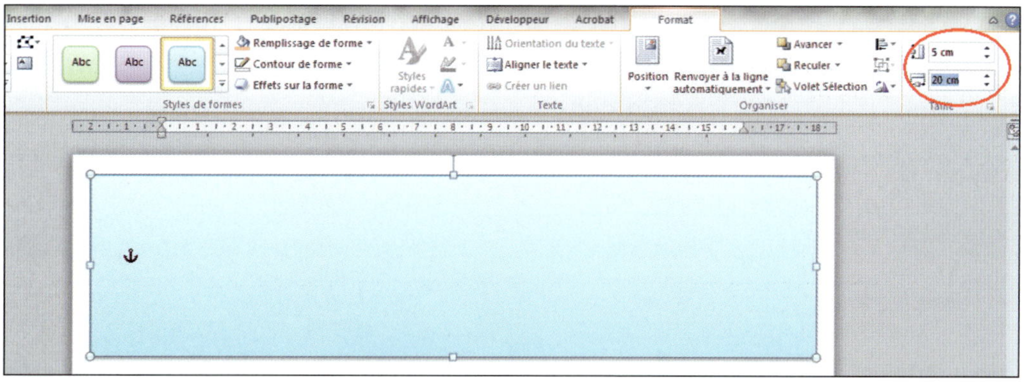

3 On peut considérer que chaque article sera constitué d'un titre, d'un texte sur deux colonnes et éventuellement d'une illustration. Notre modèle contiendra des zones destinées à accueillir un article, et il suffira de copier-coller ces zones pour en écrire d'autres. Insérez une zone de texte de 2x15 cm en dessous de la première, saisissez à l'intérieur « Titre du premier article » puis centrez le texte et choisissez le style Titre 1.

4 Insérez deux autres zones de texte sous le titre, de 7 cm de largeur, pour le texte de l'article. Puisque l'article va commencer dans l'une et se terminer dans la seconde, nous devons lier ces zones afin que le passage de l'une à l'autre soit automatique. Effacez le contenu de la seconde zone de texte, cliquez dans la première puis recopiez plusieurs fois la citation jusqu'à ce qu'elle soit pleine. Cliquez ensuite sur le bouton Créer un lien du ruban Format. Le pointeur se transforme en cruche qui déborde. Cliquez simplement sur la seconde zone de texte. À présent, ces zones sont « communicantes » : dès que le texte saisi « débordera » de la première, il sera transféré dans la seconde.

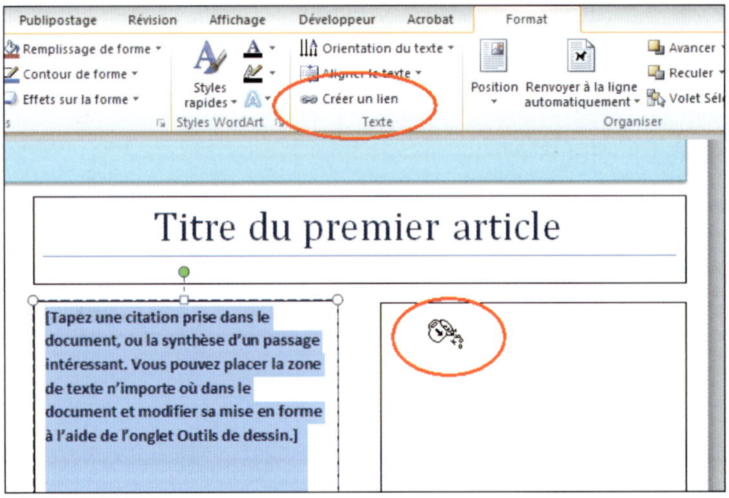

5 Pour terminer, réglez la hauteur de la seconde zone de texte afin de pouvoir réserver de l'espace pour une image, insérez l'image école.png puis insérez à gauche une dernière zone de texte pour le sommaire en suivant les étapes 5 à 8 du TP11. Pour saisir un article, il ne reste plus qu'à cliquer dans la première zone de texte, à saisir le texte complet, puis à adapter la hauteur des colonnes. Le texte va s'équilibrer automatiquement. Pour saisir un second article, il faudra copier les trois zones de texte Titre et colonnes puis les coller en dessous en ajustant les hauteurs.

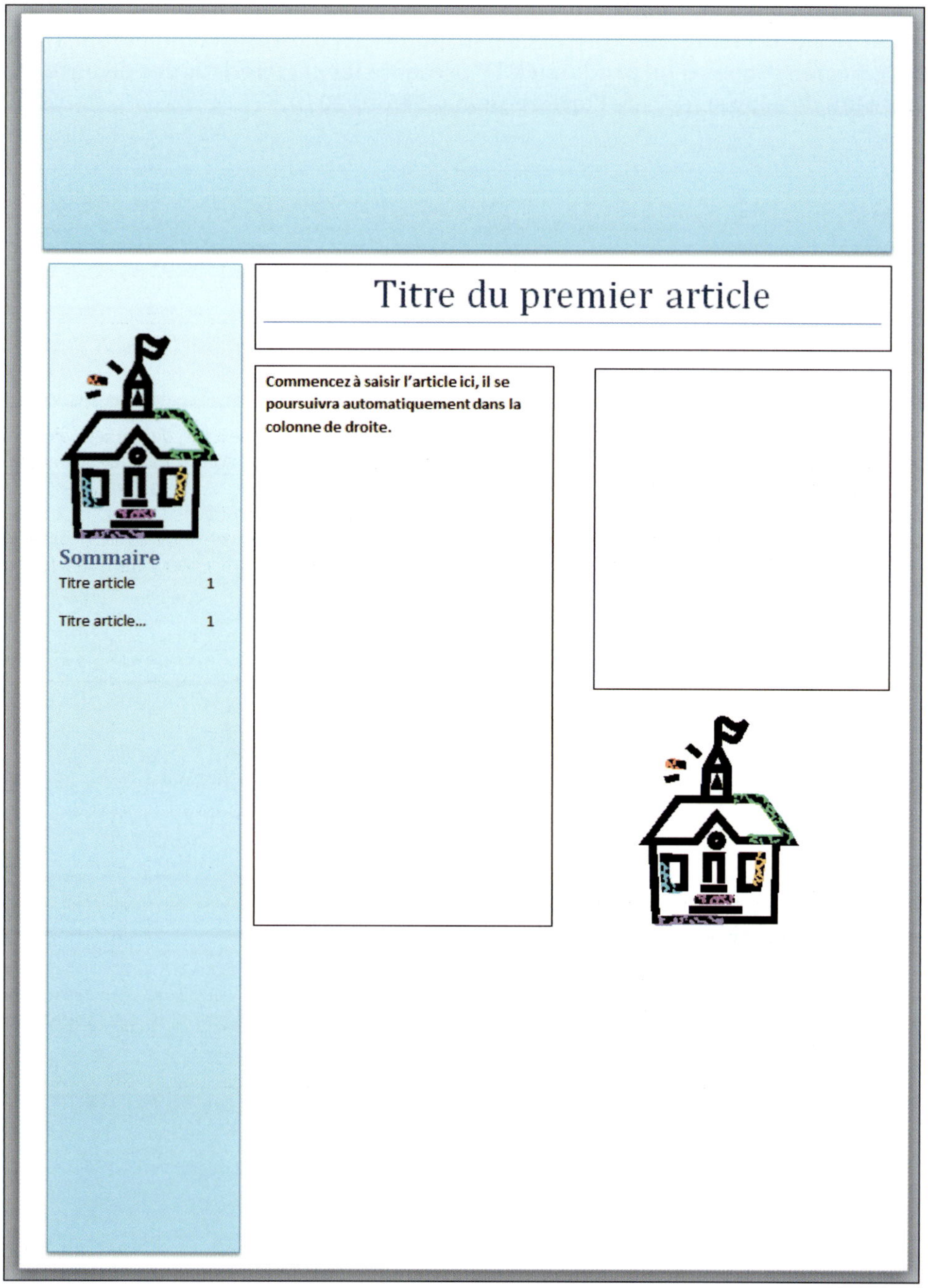

TP 13 Créer une fiche-produit avec un tableau

Que votre travail consiste à gérer un stock de marchandises, les accessoires d'une troupe de théâtre, ou un site de ventes en ligne, la fiche-produit est l'outil idéal pour enregistrer ou présenter toutes les caractéristiques d'un produit. Ce TP présente les caractéristiques de base d'un tableau et le fabuleux outil de suppression de l'arrière-plan de Word 2010.

Prérequis : TP8
Fichier employé : vos photos de produit ou le fichier saladier.jpg
Temps de réalisation : 10 minutes

1 Ouvrez un nouveau document Word puis cliquez sur le bouton Tableau du ruban Insertion. Positionnez la souris de façon à réserver deux lignes et deux colonnes. La première ligne contiendra le titre (nom du produit) et la seconde les caractéristiques et la photo. Dès que le tableau est tracé, les rubans Création et Disposition des Outils de tableau s'affichent.

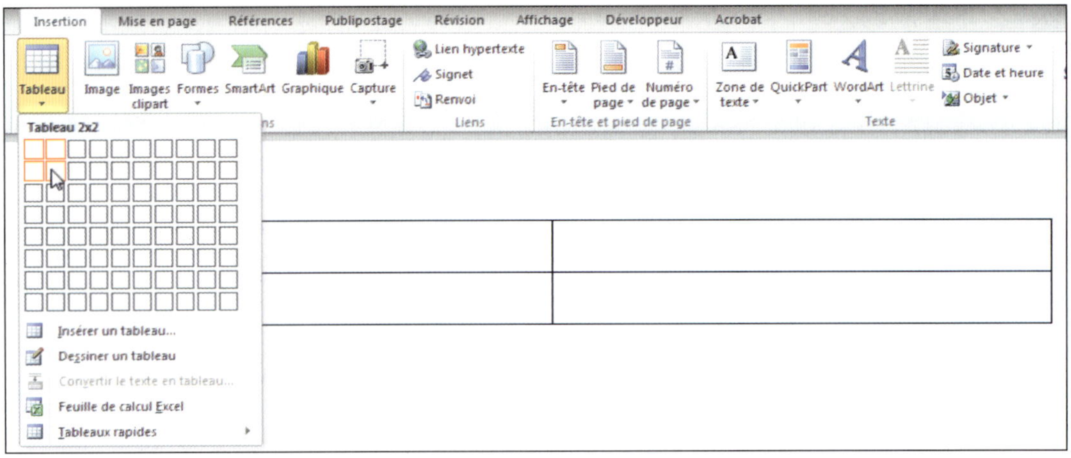

2 Sélectionnez les cellules de la première ligne (cliquez dans la première et glissez vers la seconde) puis cliquez sur le bouton Fusionner du ruban Disposition. Cliquez dans la première ligne, choisissez une taille de police supérieure à la normale (14 ou 16), puis saisissez le titre du produit à décrire. Centrez-le en cliquant sur le bouton Centrer du ruban Accueil (groupe Paragraphe).

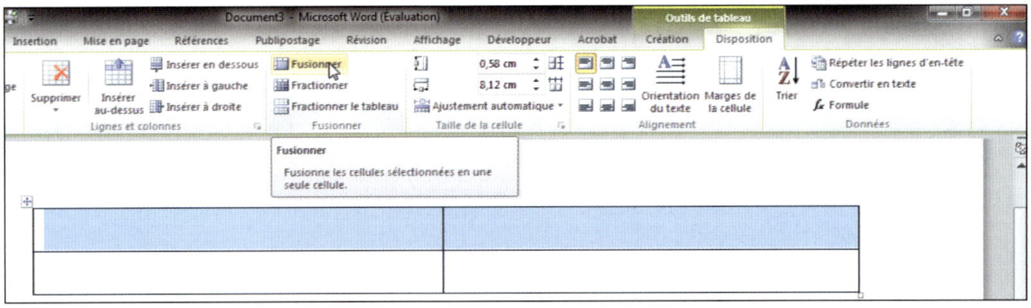

3 Cliquez dans la cellule de droite de la seconde ligne puis sur le bouton Image du ruban Insertion. Localisez le fichier de votre photo de produit puis double-cliquez dessus. Si l'image ne s'affiche pas dans la cellule, c'est que l'option d'insertion par défaut n'est pas Aligné sur le texte. Dans ce cas, l'image étant toujours sélectionnée, cliquez sur le bouton Renvoyer à la ligne automatiquement du ruban Format (Outils Image), choisissez Aligné sur le texte puis faites glisser l'image dans la cellule.

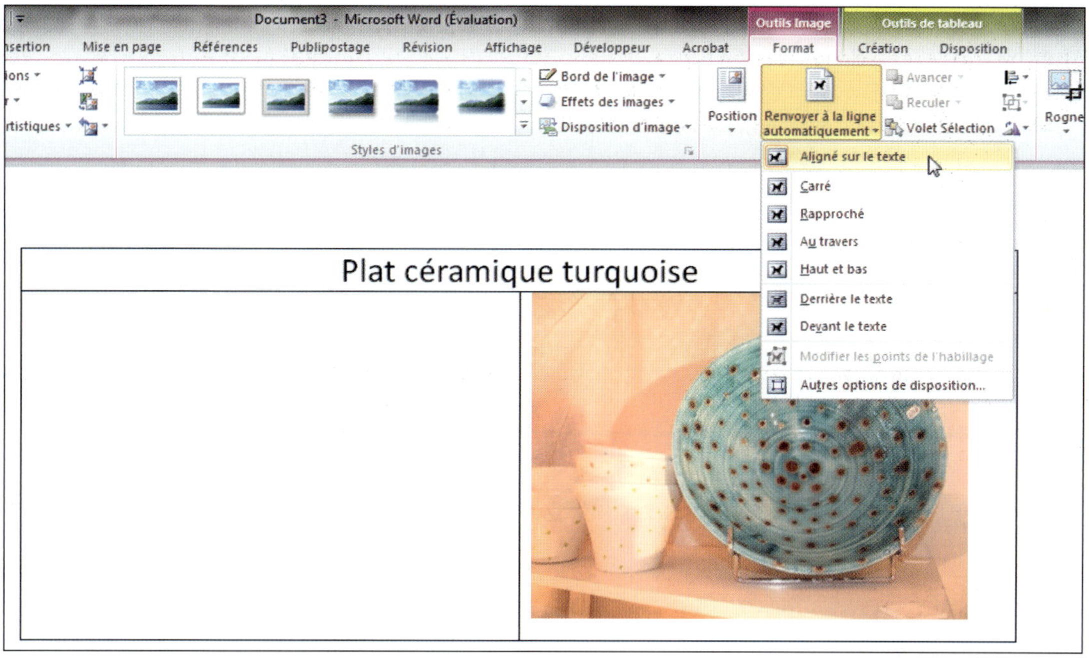

4 Commencez par recadrer l'image comme expliqué au TP8 puis cliquez sur le bouton Supprimer l'arrière-plan du ruban Format. Word affiche alors en violet la zone considérée comme arrière-plan qu'il s'apprête à supprimer. Ses capacités à détecter l'élément à isoler sont stupéfiantes, mais la sélection initiale de l'arrière-plan est rarement parfaite.

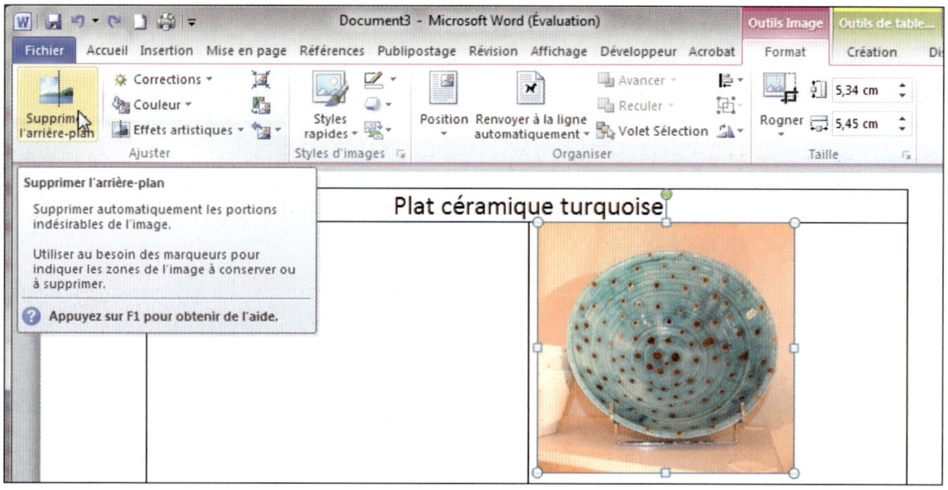

5 Repositionnez et redimensionnez le cadre de sélection si nécessaire puis, comme pour toute opération de sélection précise, agrandissez la partie à corriger à l'aide de l'outil Zoom du ruban Affichage. Cliquez sur le bouton Marquer les zones à conserver puis sur les différentes parties roses à réintégrer dans la sélection. Sélectionnez ensuite le bouton Marquer les zones à supprimer puis cliquez sur les parties à éliminer de la sélection.

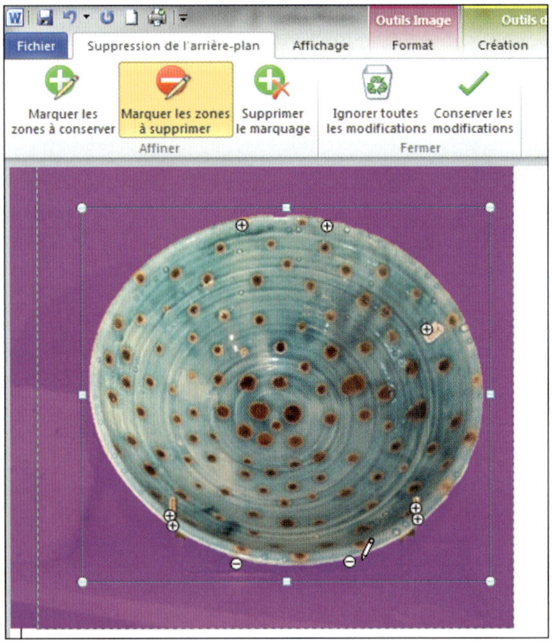

6 Cliquez dans la cellule de gauche et saisissez les caractéristiques générales du produit (le cadre rose disparaît autour de ce dernier). Cliquez sur le menu Ajustement automatique du ruban Disposition (Outils de tableau) et choisissez Ajustement automatique du contenu. Cela permet de redimensionner les cellules en fonction de leur contenu.

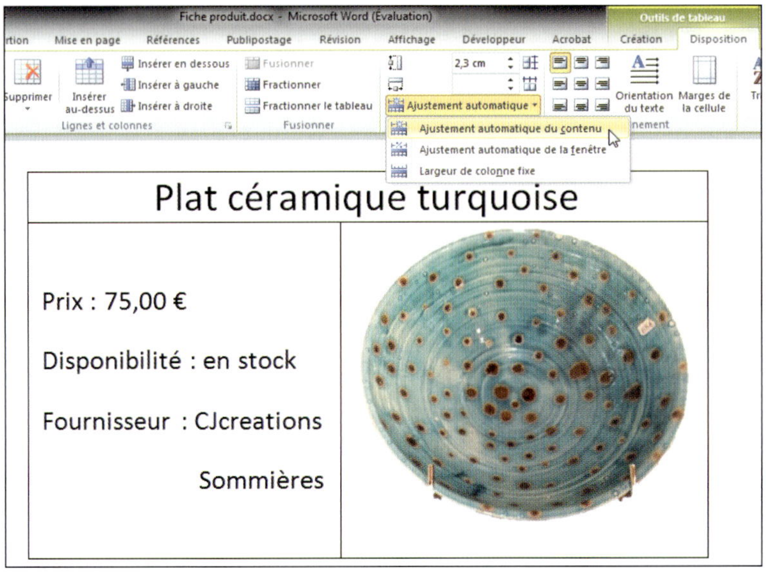

7 Cliquez dans la cellule de droite puis sur la touche Tab pour ajouter une nouvelle ligne. Sélectionnez les deux cellules puis cliquez sur le bouton Fusionner du ruban Disposition. Ouvrez de nouveau le menu Ajustement automatique et choisissez Largeur de colonne fixe pour figer la largeur du tableau. Saisissez la description détaillée du produit dans cette dernière cellule. Terminez en choisissant un style de tableau dans la galerie du ruban Création (Outils de tableau).

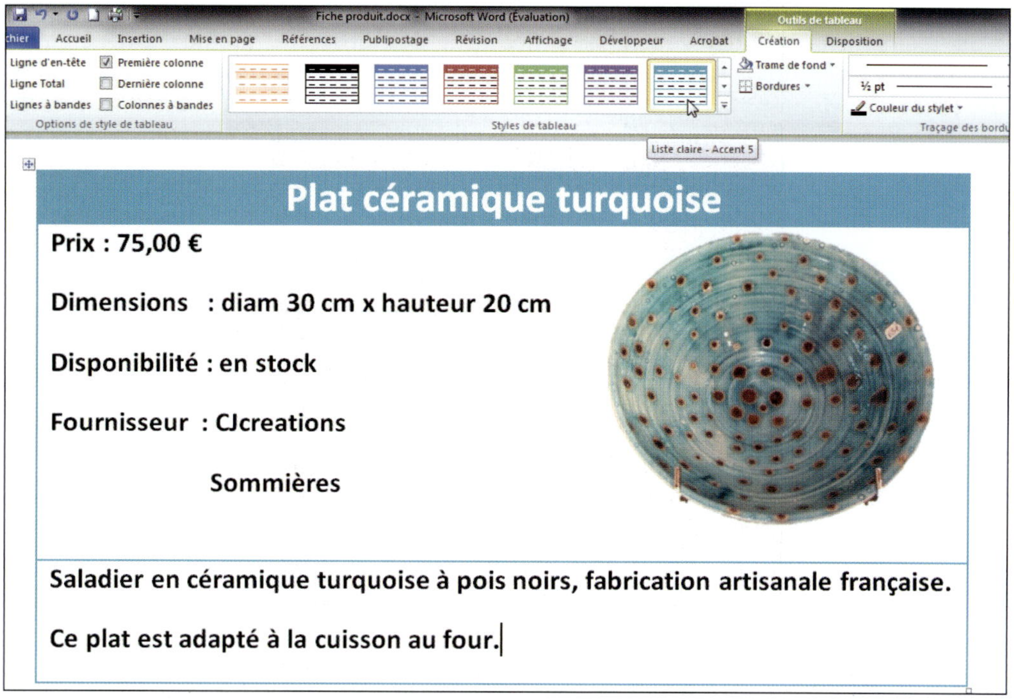

TP 14 Créer un faire-part avec photo

Il n'est pas très difficile de créer un faire-part dans Word mais si vous ne connaissez pas quelques trucs et astuces indispensables, vous allez rencontrer des difficultés au moment de l'impression. Celui que nous proposons dans ce TP contient des images mais vous pouvez en créer un uniquement basé sur du texte, en adoptant la même structure de document.

Prérequis : néant
Fichier employé : votre photo ou marius.jpg
Temps de réalisation : 30 minutes

1 Ouvrez un nouveau document puis cliquez sur le menu Orientation du ruban Mise en page. Choisissez Paysage. Nous allons créer un faire-part plié en deux, et l'orientation Paysage va nous permettre de définir les pages 4 et 1 de ce dernier sur la première feuille, puis les pages 2 et 3 sur la seconde. Le format A5 pourra s'obtenir lors de l'impression en demandant à Word d'imprimer deux pages sur chaque page A4. Cliquez sur le bouton Saut de page du ruban Insertion pour préparer la seconde page du document.

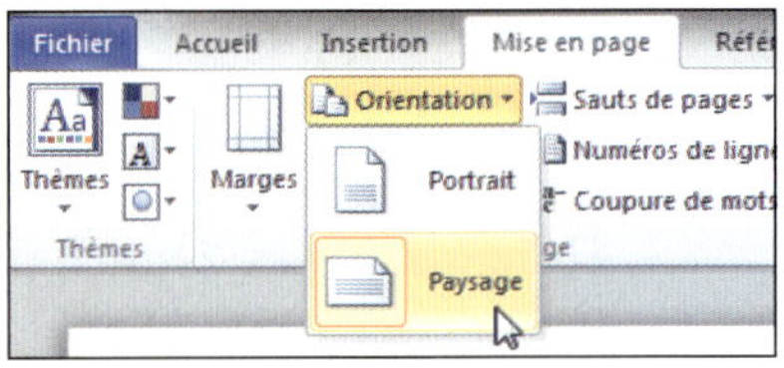

2 Il faut maintenant séparer notre première page en deux, la dernière page du faire-part étant à gauche, et la première à droite. Cliquez sur le bouton Zone de texte du ruban Insertion puis choisissez la zone de texte simple. Saisissez 21 cm dans le champ Hauteur de la forme puis 14,7 cm dans le champ Largeur. Faites ensuite glisser la forme pour aligner son bord gauche avec celui de la feuille.

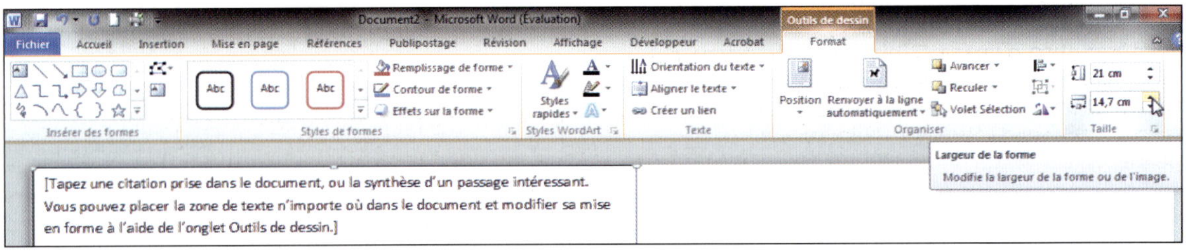

3 Dans la zone de texte, saisissez vos coordonnées, centrez-les en cliquant sur le bouton Centrer du ruban Accueil puis appliquez à ce texte la police que vous allez utiliser dans ce faire-part. Terminez en ouvrant le menu Aligner le texte du ruban Format (Outils de dessin) et en choisissant Milieu.

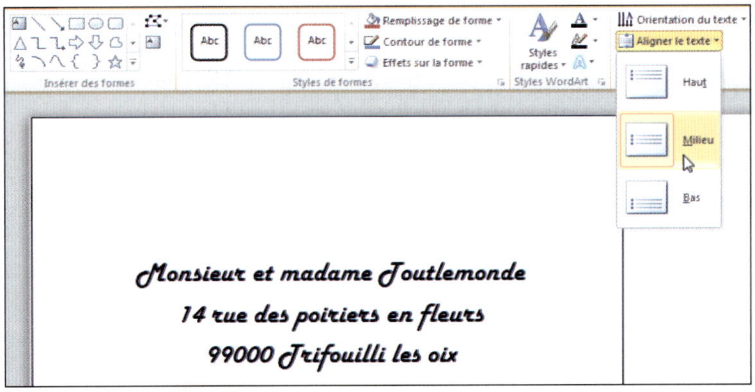

4 Cliquez dans la partie droite de la page puis activez le ruban Insertion. Cliquez sur le bouton Image, localisez votre image ou le fichier Marius.jpg puis double-cliquez dessus. Redimensionnez-la pour l'adapter à la largeur de notre page 1. Sélectionnez maintenant la zone de texte à gauche puis choisissez un style assorti aux couleurs de l'image dans la galerie de styles du ruban Format.

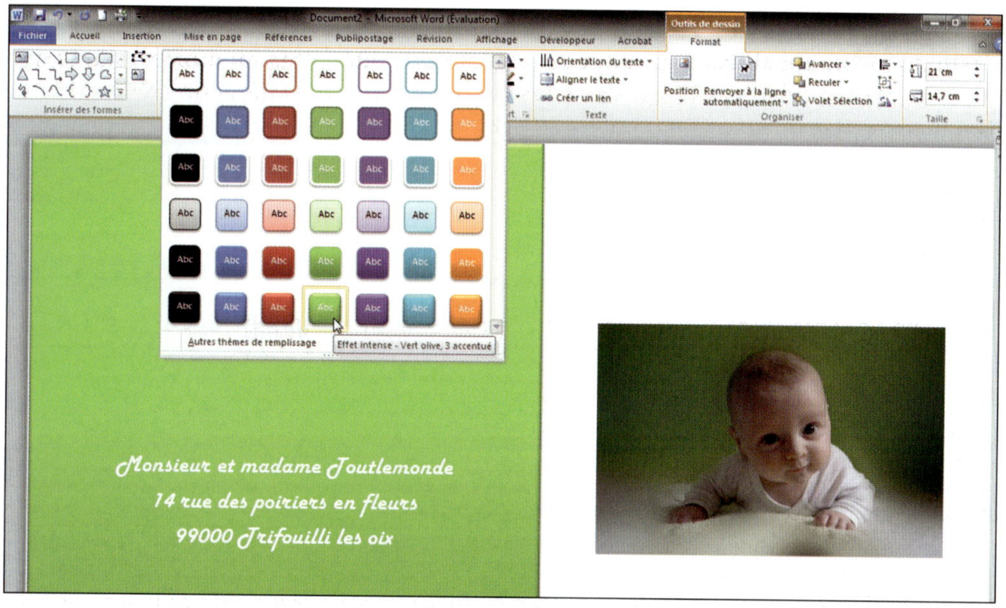

5 Cliquez sur l'image pour la sélectionner. Sur le ruban Format (Outils Image), cliquez sur Disposition d'image (2010) ou sur la galerie des styles d'image (2007) puis faites glisser votre pointeur au-dessus des différents modèles proposés jusqu'à trouver celui qui vous convient. Cliquez dessus pour l'appliquer.

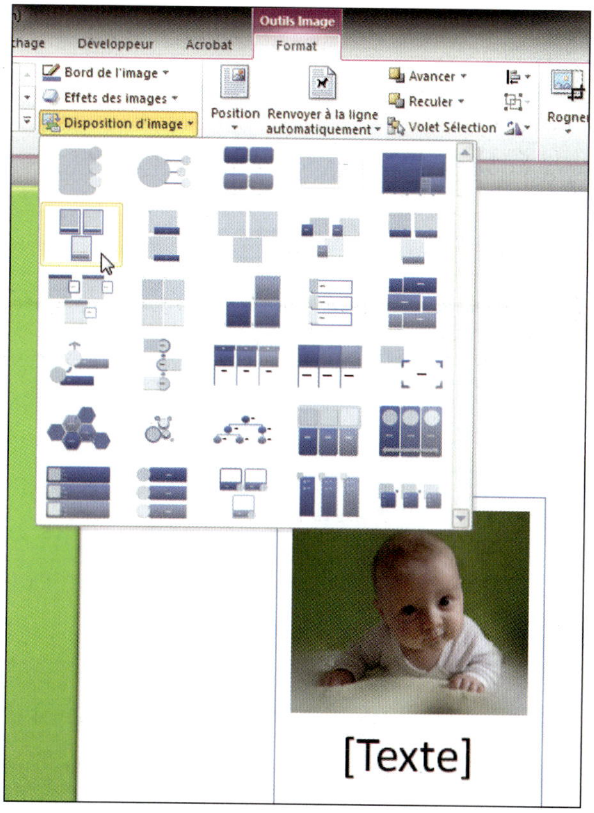

6 La disposition apparaît dans le document avec l'image à l'intérieur et le volet Texte associé. Si vous travaillez avec Word 2007, ajoutez une zone de texte et positionnez-la sous l'image pour obtenir le même résultat. Saisissez le prénom de l'enfant dans le volet texte puis cliquez dans le document pour visualiser le résultat. S'il n'est pas conforme à vos souhaits, cliquez de nouveau sur le graphique puis choisissez une autre disposition d'image. Redimensionnez-le au besoin et placez l'image à la même hauteur que le texte centré à gauche.

7 Si vous avez choisi une disposition qui comporte une bordure ou une partie colorée, cliquez tour à tour sur les boutons Remplissage de forme et Contour de forme du ruban Format (Outils SmartArt) pour sélectionner une couleur assortie à celles du faire-part. Cliquez ensuite éventuellement sur le bouton Effets sur la forme et appliquez un effet Lumière.

8 À l'intérieur du graphique SmartArt, faites glisser l'image puis la zone de texte pour positionner le prénom au-dessus de la photo. Insérez ensuite une zone de texte en dessous comme expliqué dans l'étape 2. Saisissez la date de naissance et le texte de votre choix, puis appliquez-lui un style assorti à celui de la page de gauche.

9 Cliquez maintenant dans la seconde page qui correspond à l'intérieur du faire-part. Cette fois, nous allons délimiter la page de droite et écrire normalement dans celle de gauche. Exécutez l'étape 2 et alignez la zone de texte sur le bord droit du document. Cliquez dans la page de gauche et saisissez la fin du texte commencé sur la première page (avec la même police et taille de police).

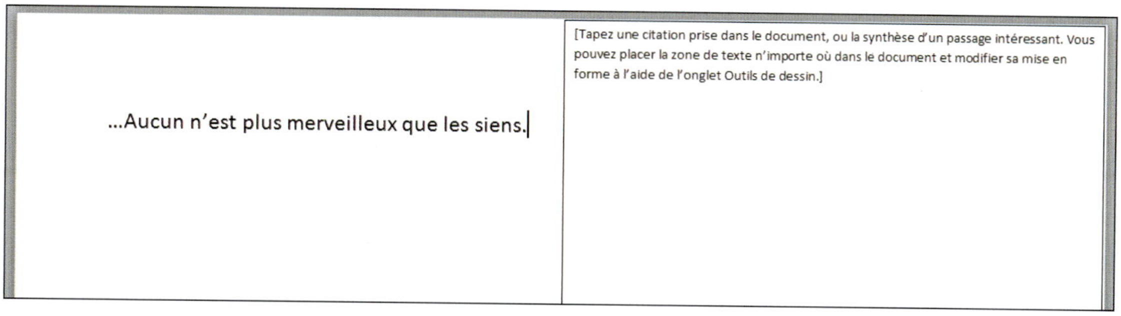

10 Saisissez le texte de votre choix dans la zone de droite puis cliquez sur le bouton Contour de forme du ruban Format (Outils de dessin). Choisissez l'option Sans contour afin de rendre la zone de texte invisible. Terminer en insérant vos images ou le fichier Marius2.jpg à gauche.

11 La dernière étape est celle de l'impression. Cliquez sur Fichier (ou sur le menu Office en 2007) puis sur Imprimer. Dans les paramètres d'impression à gauche de l'aperçu, choisissez Imprimer manuellement en recto verso (ou Imprimer en recto verso si votre imprimante le permet). Réduisez le zoom en bas à droite de l'aperçu si vous désirez voir les deux pages. Terminez en cliquant sur le bouton Imprimer.

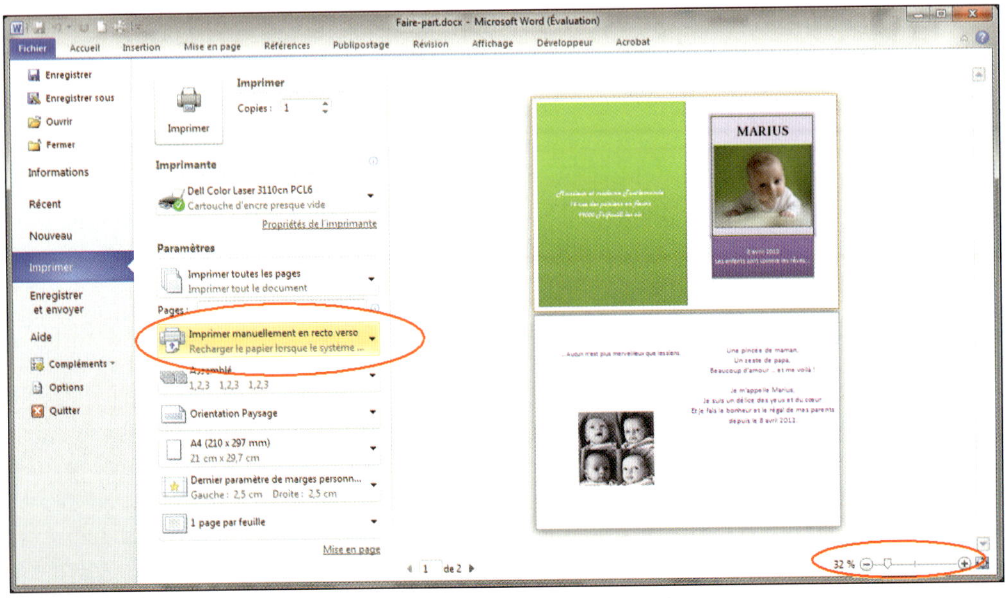

TP 15 Créer un calendrier illustré

Les tableaux de Word offrent de nombreuses possibilités pour afficher joliment des données et la création d'un calendrier est une bonne occasion pour explorer tous les outils de mise en forme. Nous allons créer un calendrier au format A4 comportant un mois par page ce qui vous laissera la possibilité de l'imprimer, ou de le transmettre à un imprimeur. Si vous manquez d'inspiration pour vos illustrations, pourquoi ne pas piocher dans vos albums photos numériques mois par mois des photos de votre jardin pour représenter les saisons ou des photos d'événements familiaux pour marquer des périodes comme Pâques, Noël, etc.

Prérequis : aucun
Fichier employé : janvier.jpg, fevrier.jpg, etc., ou vos propres photos
Temps de réalisation : 30 minutes

1 Ouvrez un nouveau document et choisissez l'orientation Paysage comme à l'étape 1 du TP précédent. Pour saisir le nom du mois, activez le ruban Insertion puis cliquez sur le bouton WordArt et choisissez un modèle de lettre. Saisissez ce nom (puis cliquez sur OK avec Word 2007) et agrandissez la zone de texte et les lettres en fonction de l'effet désiré.

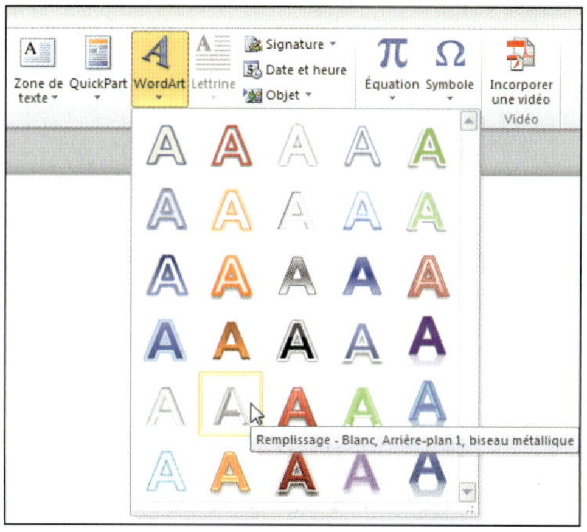

2 Sur le ruban Insertion, cliquez ensuite sur le bouton Tableau et faites glisser le pointeur de la souris afin d'obtenir un tableau de 7 colonnes pour les jours de la semaine sur 6 lignes pour les semaines du mois. Cliquez sur la dernière cellule pour valider la taille du tableau. Aussitôt, les rubans Création et Disposition des Outils de tableau apparaissent. Si le nom du mois est passé sous le tableau, faites-le glisser au-dessus, et déplacez éventuellement le tableau vers le bas en insérant des lignes vides au-dessus.

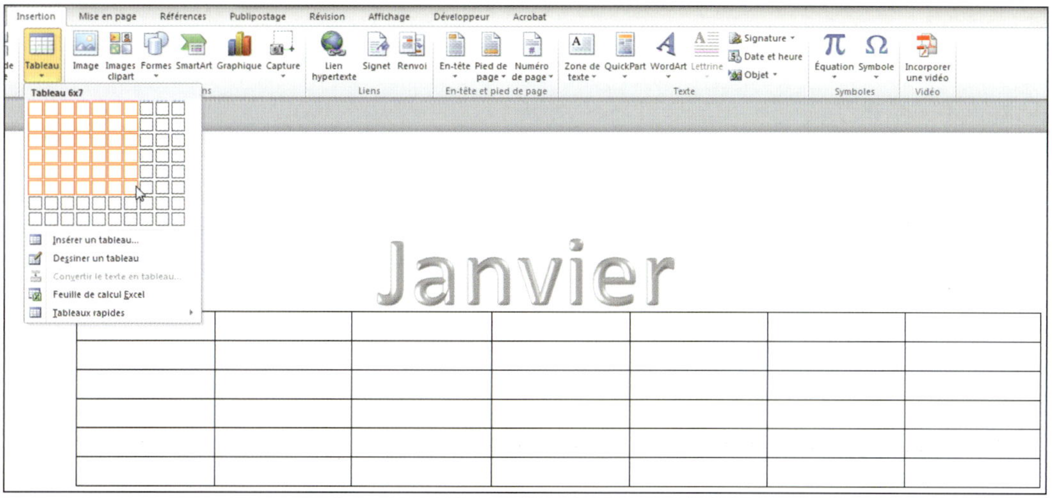

3 Pour centrer le tableau sur la page, activez le ruban Disposition et cliquez sur le bouton Propriétés. Sur l'onglet Tableau de la boîte de dialogue Propriétés du tableau, choisissez l'alignement Centré et l'habillage de votre choix : avec l'option Aucun, vous ne pourrez insérer du texte qu'au-dessus ou au-dessous du tableau (sauf si vous ajoutez des zones de texte dans les marges comme au TP3). Cochez la case Largeur préférée et saisissez 28 pour occuper toute la largeur de la page.

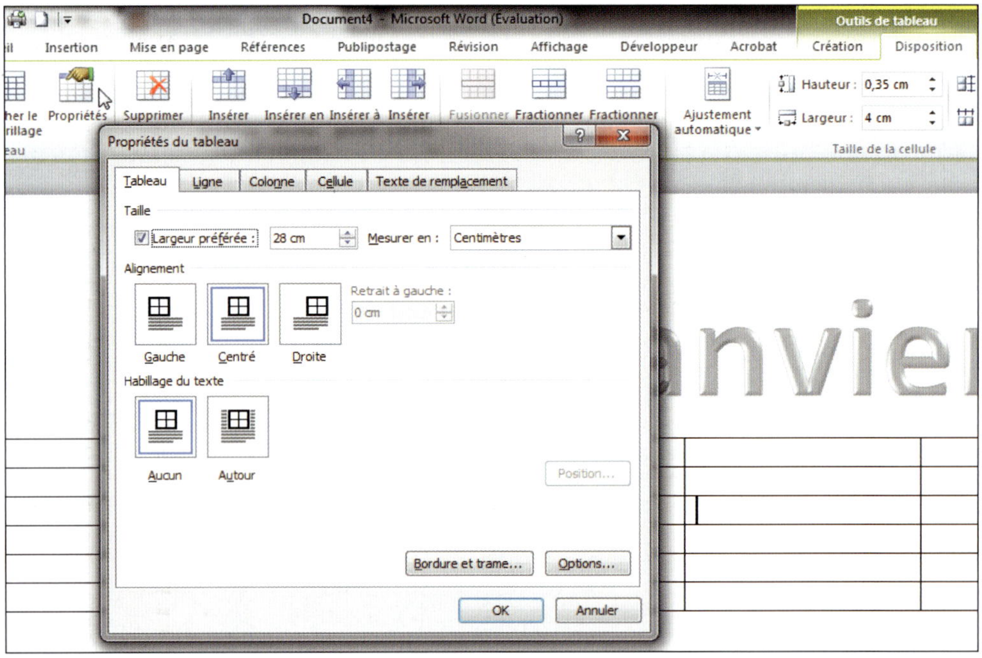

4 Saisissez maintenant les jours de la semaine. Positionnez le pointeur à gauche de la première ligne jusqu'à ce qu'il se transforme en flèche blanche puis cliquez pour la sélectionner. Dans la case Hauteur du ruban Disposition, saisissez 1,5 cm. Dans le groupe Alignement, choisissez Centrer. Saisissez ensuite le nom des jours de la semaine, en utilisant la touche Tabulation ou flèche droite pour passer d'une cellule à l'autre. Sélectionnez de nouveau la ligne puis choisissez une police et une taille appropriées sur le ruban Accueil.

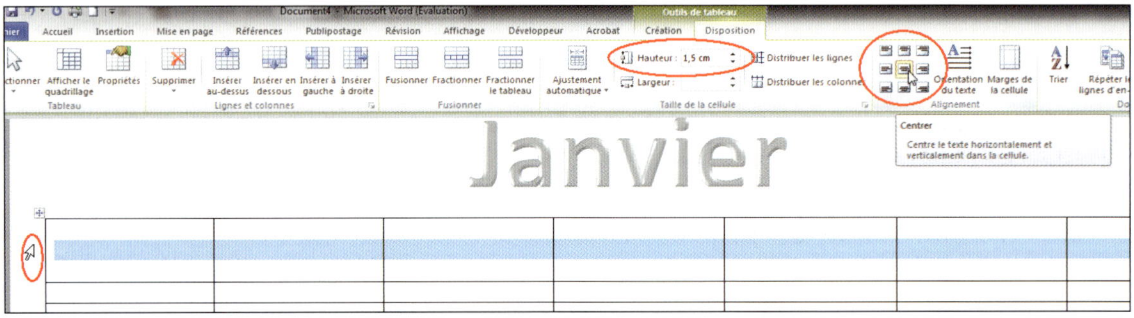

5 Sélectionnez les 5 lignes suivantes, saisissez 2 cm dans la case Hauteur puis cliquez sur l'alignement Coin supérieur droit. De cette façon, le chiffre de la date n'occupera pas tout l'espace et la case restera libre pour y saisir du texte ou y insérer une image.

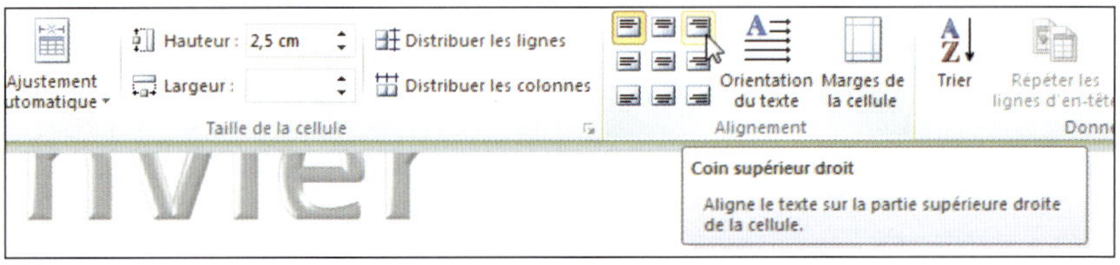

6 Saisissez les dates puis sélectionnez de nouveau les cinq lignes et choisissez une taille de police en fonction de l'effet que vous désirez obtenir. Vous pouvez également écrire le nom des jours fériés. Le tableau étant rempli et affiché dans sa taille finale, vous pouvez maintenant choisir un style pour ce dernier. Cette étape est en effet plus facile et efficace lorsqu'on l'effectue sur le tableau achevé. Cliquez dans le tableau puis choisissez dans la galerie Styles de tableau du ruban Création celui qui s'approche le plus de l'effet désiré.

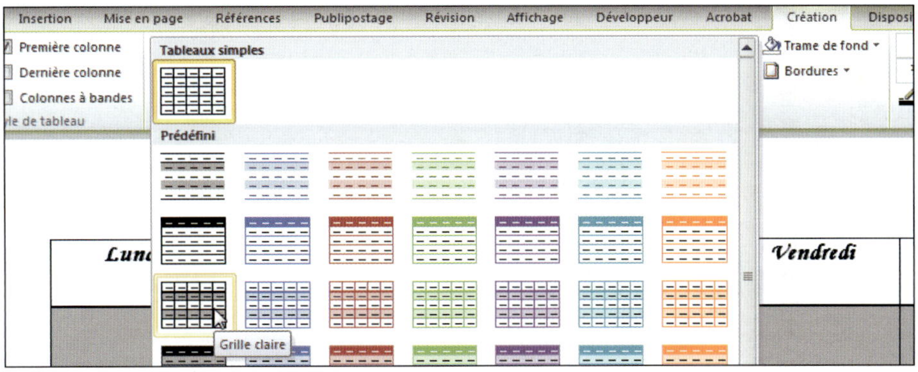

7 Attention, le choix d'un style peut modifier les propriétés du tableau. Vérifiez qu'il est toujours bien centré sur la page en cliquant sur le bouton Une page du ruban Affichage. Si ce n'est pas le cas, centrez-le de nouveau comme expliqué à l'étape 4. Vérifiez aussi la position du texte dans les cellules. Pour terminer avec l'aspect esthétique, servez-vous des menus Trame de fond et Bordures du ruban Création pour appliquer les dernières modifications.

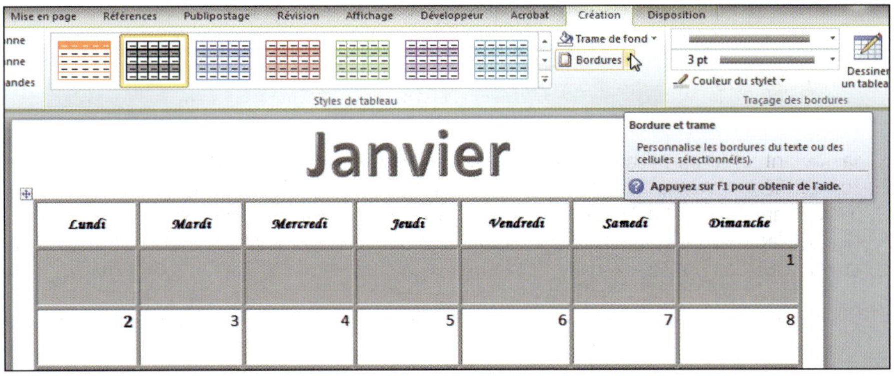

8 Le calendrier lui-même est terminé, il ne reste plus qu'à ajouter les images. Avant d'aborder cette étape, il faut recopier le tableau afin de préparer les mois suivants. Cliquez sous le tableau puis sur le bouton Saut de page du ruban Insertion. Appuyez deux fois sur Entrée pour réserver la place du titre (affichez si nécessaire les caractères masqués pour faciliter ces opérations).

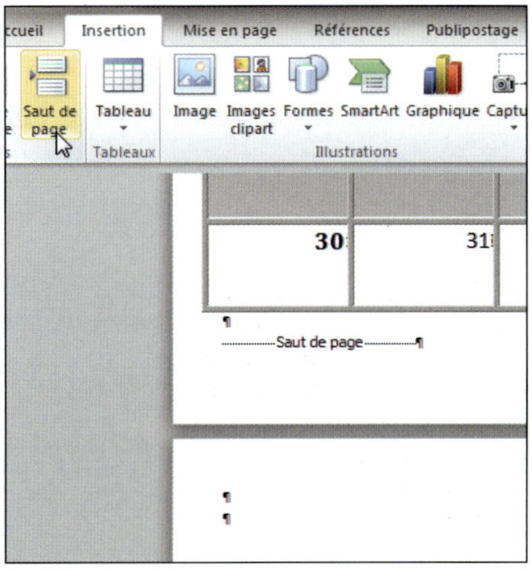

9 Cliquez sur l'icône en forme de quadruple flèche dans le coin supérieur gauche du tableau afin de le sélectionner puis appuyez sur Ctrl+C (ou clic droit+Copier). Cliquez dans la seconde page puis appuyez sur Ctrl+V (clic droit+Coller) pour coller le tableau. Recommencez ces deux étapes jusqu'à obtenir le nombre de mois voulus. Les tableaux sont tous au même format, il suffira de saisir les nouvelles dates et d'adapter les couleurs à la photo ou à l'humeur du mois.

10 La solution que vous allez adopter pour l'insertion des images dépend de l'importance que vous souhaitez leur accorder par rapport au calendrier lui-même. Une première solution consiste à insérer une photo en arrière-plan : cliquez sur le bouton Image du ruban Insertion, localisez le fichier de l'image puis double-cliquez dessus (vous pouvez utiliser l'image Janvier2.jpg fournie avec les fichiers de TP). Étirez les bords de cette dernière jusqu'à ce qu'elle recouvre entièrement la page, puis choisissez Texte au-dessus dans le menu Reculer du ruban Format.

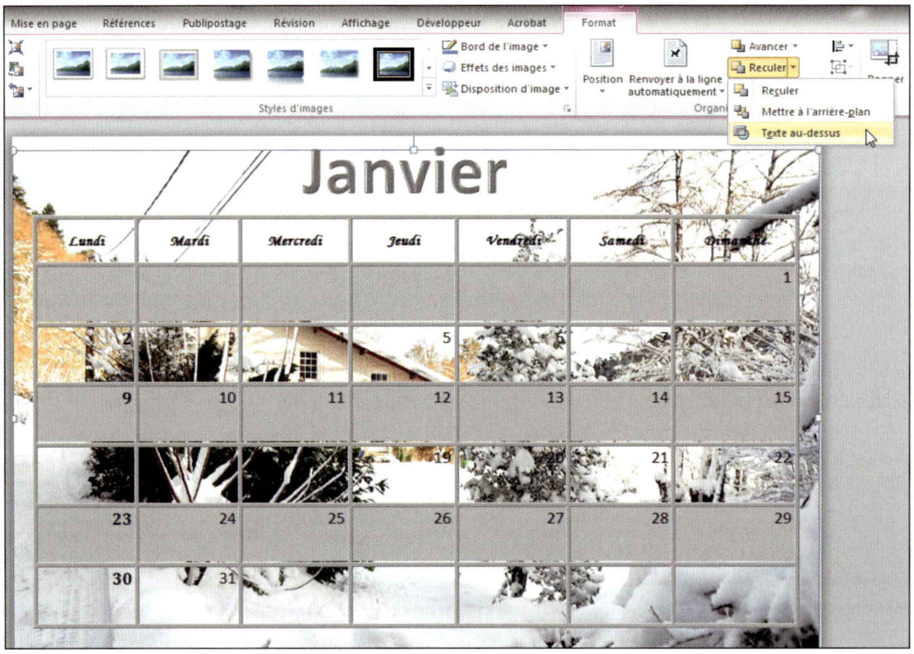

11 Si l'image vous semble trop voyante, atténuez cette impression en lui attribuant un effet. Une autre méthode pour insérer des images dans ce calendrier consiste à les afficher dans une cellule. Vous pourriez par exemple insérer une image représentative pour annoncer chaque anniversaire (vous pouvez utiliser l'image Gateau.jpg des fichiers de TP de recette). Insérez l'image comme expliqué précédemment et redimensionnez-la pour l'adapter à la taille de la cellule (il n'y a pas de fonction de remplissage du fond de cellule à l'aide d'une image). Une fois qu'elle est correctement positionnée au-dessus de la cellule, cliquez-droit dessus et choisissez Mettre à l'arrière-plan, Texte au-dessus.

12 Si l'image est foncée (comme dans notre exemple), changez la couleur du texte en blanc. Cliquez à droite de la date, appuyez sur Entrée puis saisissez les détails de cette date. Cliquez sur le bouton Centrer du ruban Accueil et éventuellement sur l'option d'interligne Ajouter un espace avant le paragraphe si vous désirez déplacer le texte vers le bas de la cellule.

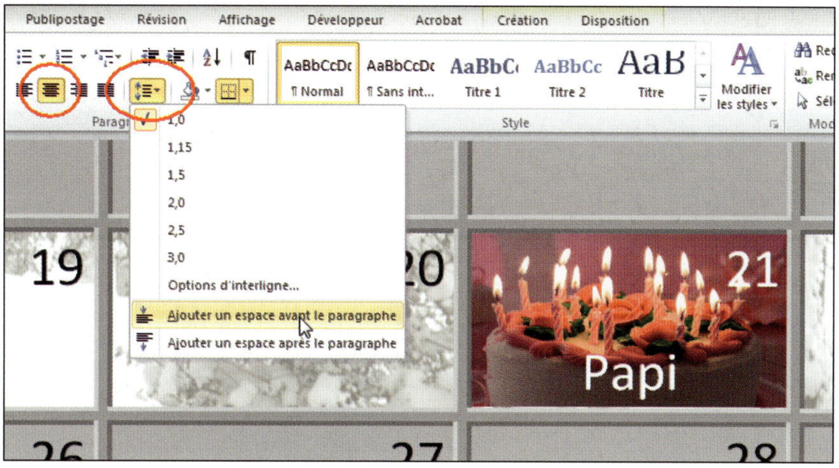

13 Une fois que l'image est déplacée Derrière le texte, il n'est plus possible de la sélectionner. Si vous avez besoin de la modifier ou de la copier pour l'insérer à une autre date, ouvrez le menu Sélectionner du ruban Accueil, choisissez Sélectionner les objets puis cliquez sur l'image. Vous avez aussi la possibilité d'ouvrir le volet Sélection et visibilité à partir de ce menu. Cliquez sur un élément de ce volet pour le sélectionner dans le document, ou cliquez sur l'icône en forme d'œil qui lui est associée pour Afficher/masquer l'élément.

14 Une deuxième solution pour insérer une image dans ce calendrier consiste à l'afficher dans la forme du titre. Positionnez-vous sur la page de calendrier suivante et insérez une nouvelle forme WordArt avec le nom du mois. Choisissez de préférence un style de texte transparent. Cliquez ensuite sur le bouton Remplissage de forme du ruban Format (Outils de dessin), choisissez Image, localisez le fichier puis double-cliquez dessus (vous pouvez utiliser le fichier Fevrier.jpg des fichiers de TP).

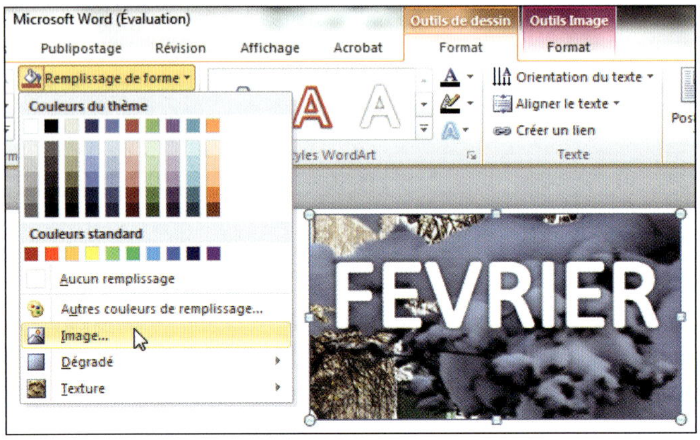

15 La dernière solution pour illustrer le calendrier consiste d'une part à choisir une orientation de page Portrait (dans ce cas, la largeur du tableau doit être définie à 20 cm) qui réduit la place occupée par le tableau et d'autre part à insérer autour les images de votre choix. Attention à la taille des images utilisées ! Puisque le calendrier est destiné à être imprimé (par vous ou un imprimeur), il faut que leur résolution soit de 200 ppp au minimum. S'il s'agit de vos propres photos, il n'y aura aucun problème de qualité, mais si vous les avez récupérées sur Internet, il y a de bonnes chances pour qu'elles ne conviennent pas à l'impression. Vérifiez également que vous avez le droit de les utiliser, même dans un cadre aussi limité.

TP 16 Rotation du texte pour imprimer à l'envers

Si vous avez l'intention d'écrire un recueil de jeux et devinettes dans lequel les réponses sont affichées à l'envers en bas de la page, ou d'imprimer un document A5 obtenu en pliant une feuille A4 en quatre, vous devez savoir comment « retourner du texte ». Une fois encore, les zones de texte vont permettre de résoudre ce problème, mais seulement avec Word 2010.

Prérequis : néant
Fichier employé : faire-part.docx
Temps de réalisation : 5 minutes

Ouvrez le fichier Faire-part.docx. La différence avec celui de l'exercice précédent, c'est que l'orientation de la page est rétablie en Portrait, que le document complet tient sur la même feuille A4 et que tout le texte de la seconde partie du faire-part a été saisi dans des zones de texte. Cliquez sur la zone de texte à gauche correspondant à la page 2 du faire-part puis choisissez l'option Retourner verticalement du menu Rotation (ruban Format des Outils de dessin). Recommencez l'opération avec l'image (que vous devez repositionner) puis avec la zone de texte à droite. Vous n'avez plus qu'à imprimer normalement votre page et à la plier en quatre. L'option Retourner horizontalement ne produit aucun résultat sur le texte, vous n'obtenez pas du texte à lire dans une glace ! Par contre, elle inverse le sens des images.

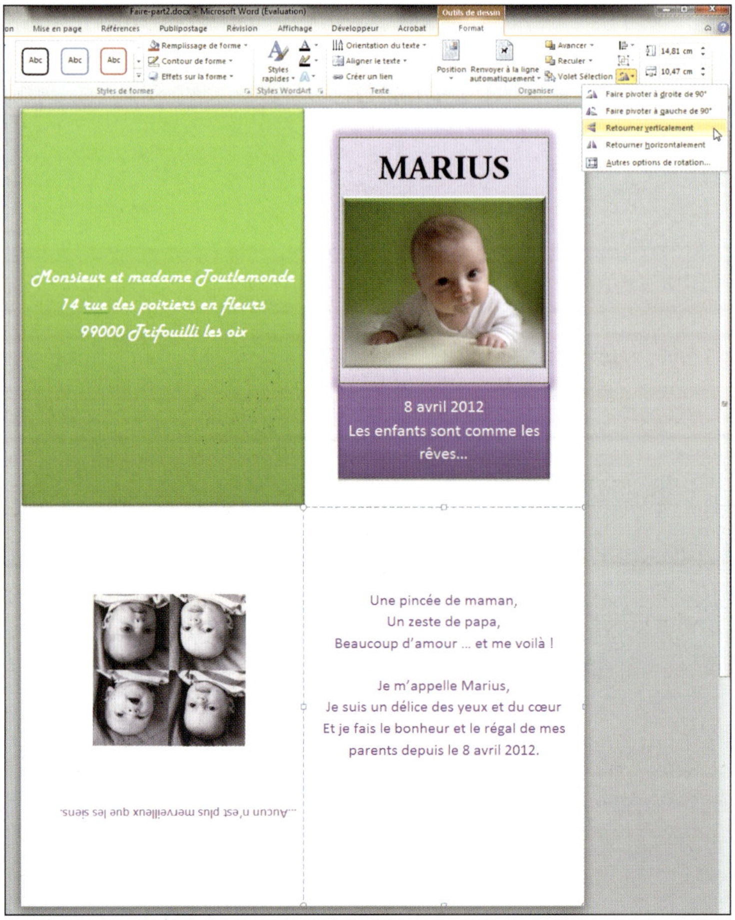

Documents longs

Fini la traditionnelle remise des copies aux professeurs ! Aujourd'hui, les étudiants transmettent leur travail par Internet ce qui requiert une certaine maîtrise de toutes les finesses du traitement de texte.

Cette partie est consacrée à toutes les fonctions de Word permettant de gérer les documents de plusieurs pages, comme la table des matières, les notes de bas de page et l'index. Vous découvrirez aussi comment regrouper plusieurs fichiers dans un document maître lorsqu'il s'agit de réunir plusieurs chapitres ou parties réalisé(e)s indépendamment les uns des autres (éventuellement par des auteurs différents).

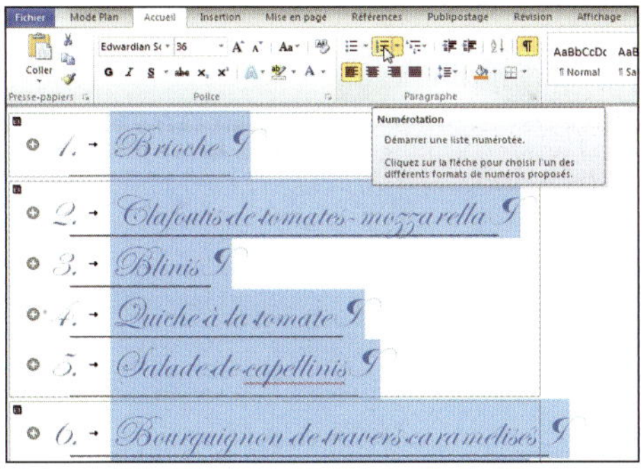

Cette partie explique également comment créer une page de garde et insérer des en-têtes et pieds de pages, en maîtrisant la numérotation des pages.

TP 17 Regrouper ses fiches en un livre de recettes

Pour regrouper plusieurs fichiers en un seul, vous pouvez utiliser le copier-coller, mais Word propose aussi de le faire par le biais d'un document maître. Un document maître est une sorte de document conteneur qui regroupe logiquement des documents enregistrés dans des fichiers individuels. Cela ne vous empêche pas de créer une table des matières, un index, des renvois ainsi que des en-têtes et pieds de page qui s'appliquent à l'ensemble des sous-documents.

Prérequis : néant
Fichier employé : Fiche-cuisine_04.docx, Fiches-cuisine_05.docx, Fiches-cuisine_06.
Temps de réalisation : 10 minutes

1 Nous allons commencer par créer le document maître, puis nous y insèrerons nos fiches de cuisine. Cliquez sur l'icône Nouveau document dans la barre d'outils Accès rapide (ou Fichier, Nouveau, Document vierge). Si cette icône n'est pas visible, cliquez sur la flèche située à l'extrémité du menu puis sur la commande Nouveau. Enregistrez ce document sous le nom Recettes.docx.

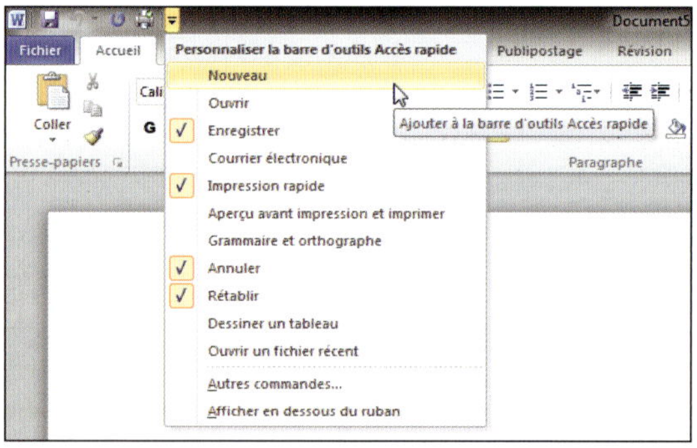

2 Sur le ruban Affichage, cliquez sur le bouton Plan à gauche pour afficher le ruban Mode Plan, puis cliquez sur le bouton Afficher le document. Le groupe Outils Mode Plan du ruban contient tous les outils d'affichage du document, notamment ceux servant à développer ou réduire l'affichage du texte. Le groupe Document maître contient plutôt les outils de gestion des différents sous-documents.

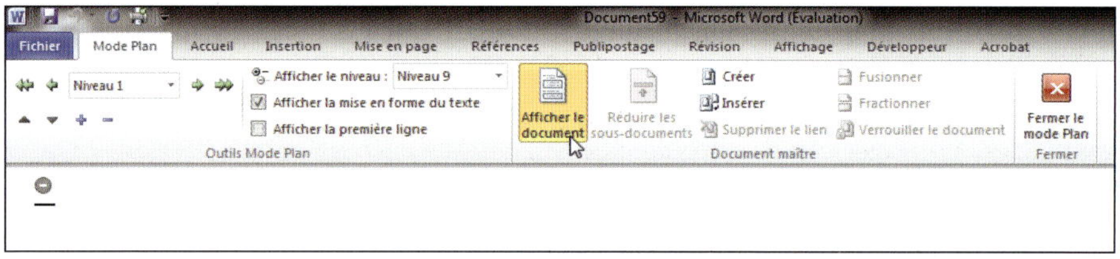

3 Nous allons maintenant insérer plusieurs fiches de cuisine pour commencer à constituer notre livre de recettes. Dans le groupe Document maître, cliquez sur Insérer. Localisez le fichier Fiche-cuisine-04.docx puis double-cliquez dessus. Si une boîte de dialogue s'affiche, cliquez sur « Non pour tout ». Le sous-document apparaît dans le document maître. Vous constatez que le graphique SmartArt est invisible et si vous cochez la case Afficher la première ligne, le sous-document apparaît dans une version encore plus « concentrée ».

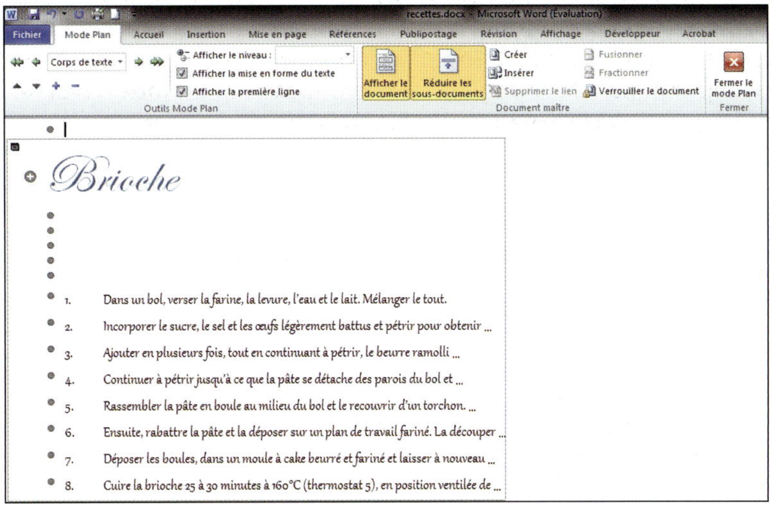

4 Décochez la case Afficher la mise en forme du texte du groupe Outils Mode Plan : le sous-document apparaît en style normal, sans aucune mise en forme. Décochez la case Afficher la première ligne : le texte réapparaît dans sa totalité. Inversement, si vous choisissez Niveau 1 dans la liste Afficher le niveau, seul le titre défini en style Titre 1 reste affiché. Ces outils sont très pratiques lorsque le document est long et qu'on a besoin d'une vision globale. Le rôle du volet Navigation que nous étudierons ultérieurement est similaire, mais il n'offre pas tout à fait les mêmes fonctions.

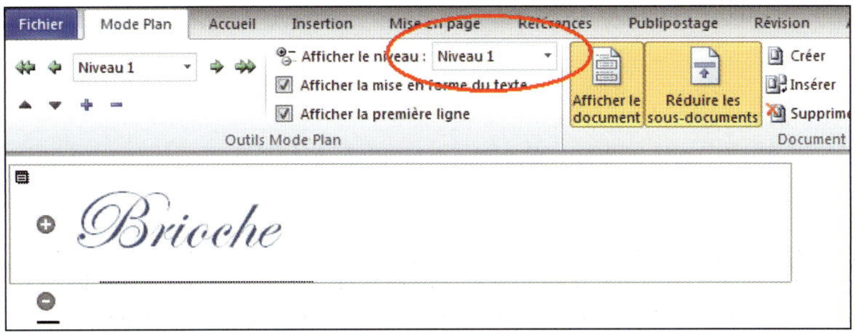

5 Dès que vous cliquez à l'intérieur du cadre qui délimite le sous-document, la commande Supprimer le lien du ruban Mode Plan devient active. En effet, le sous-document n'a pas été dupliqué dans le document maître. Il y est affiché mais il s'agit toujours du fichier d'origine. Toute modification que vous pourriez à présent effectuer serait enregistrée dans ce fichier. Si vous cliquez sur ce bouton, le lien avec le fichier d'origine est rompu et vous obtenez une simple copie du texte initial que vous pouvez modifier localement sans conséquence sur le fichier d'origine.

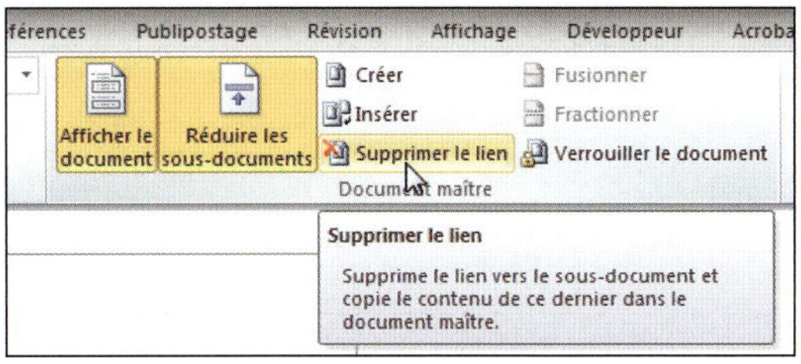

6 Répétez l'étape 3 avec les autres fichiers à rassembler dans ce document maître : Fiches-cuisine_05 et Fiches-cuisine_06. Si vous cliquez sur le bouton Réduire les sous-documents, vous affichez la vraie nature du document à cet instant : une liste de liens vers des fichiers Word.

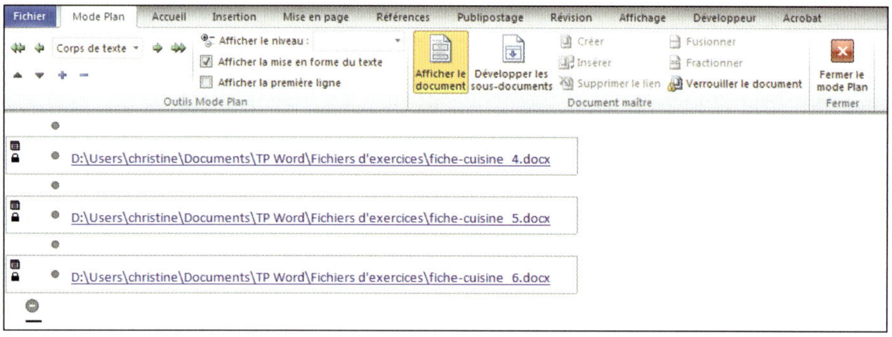

7 Les fiches de cuisine sont toutes regroupées dans un même document, nous allons les numéroter automatiquement. Cliquez sur le bouton Développer les sous-documents, sélectionnez Niveau 1 dans le menu Afficher le niveau puis sélectionnez le titre de la première fiche. Dans le menu Sélectionner à droite du ruban Accueil, choisissez Sélectionner le texte ayant une mise en forme semblable. Tous les titres de recettes sont maintenant sélectionnés.

8 Cliquez sur le bouton Numérotation pour appliquer la numérotation par défaut ou sur la flèche qui lui est associée pour choisir un autre style de numérotation. Vous constatez que toutes les fiches sont numérotées.

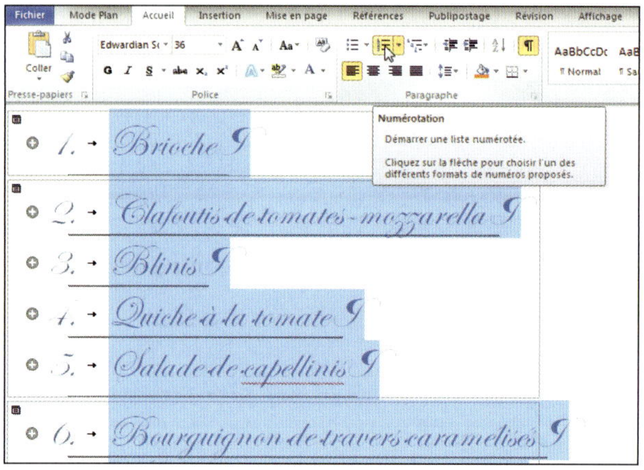

9 Nous allons maintenant numéroter les pages mais pour ce faire, vous devez changer le mode d'affichage. Cliquez sur le bouton Page à gauche du ruban Affichage. Affichez ensuite le ruban Insertion et cliquez sur Numéro de page, choisissez où vous désirez afficher ce numéro (nous choisissons Bas de page) puis cliquez sur un des modèles proposés dans la liste. Si vous cherchez le modèle Page X sur Y, faites glisser le curseur à droite de la liste, il se trouve vers la fin.

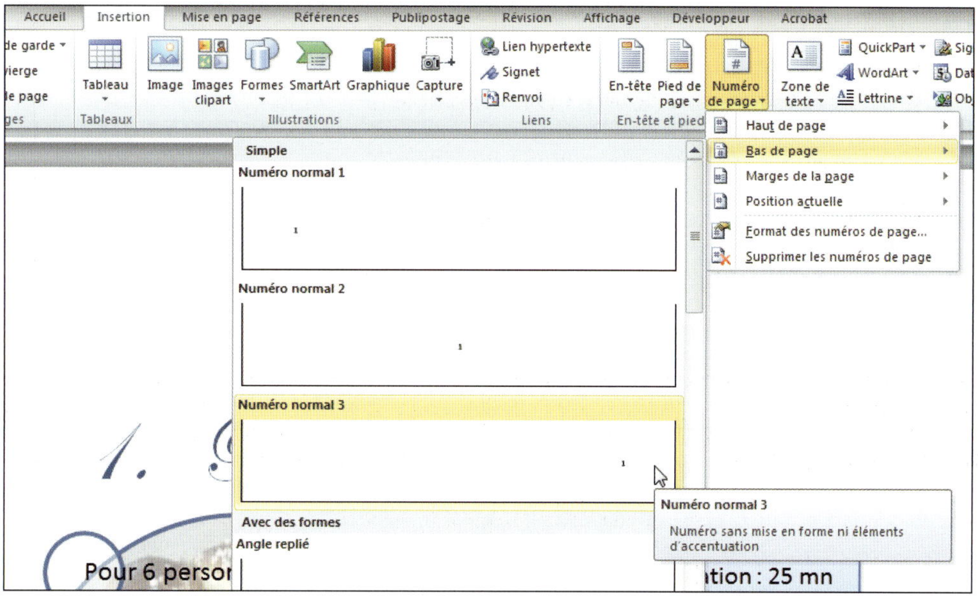

10 Double-cliquez dans le document pour « sortir » du pied de page.

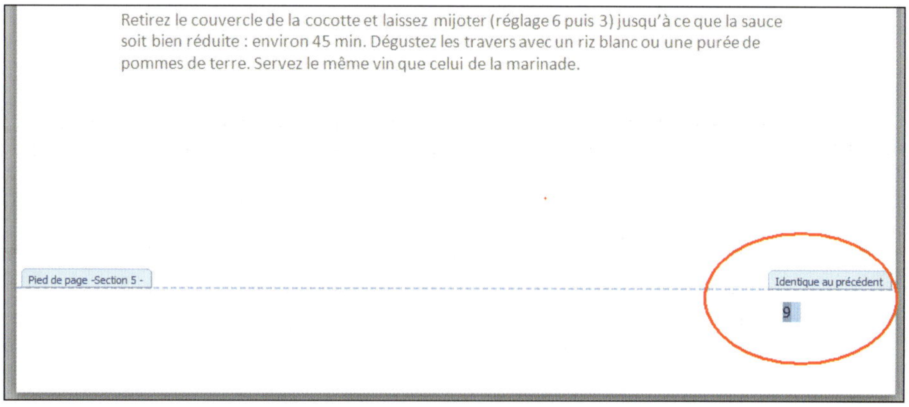

TP 18 Créer une table des matières

Il existe plusieurs façons de créer une table des matières mais la plus simple consiste à demander à Word de la générer automatiquement à partir des styles de titre appliqués. L'avantage d'une table générée est qu'elle sera automatiquement mise à jour à fur et à mesure que le document évoluera et que sa création est beaucoup plus rapide. Cela n'empêche pas de la compléter « à la main » en désignant dans le document les portions de texte que Word doit considérer comme des entrées de table.

Prérequis : TP17
Fichier employé : Recettes.docx tel qu'il se présente à la fin du TP précédent.
Temps de réalisation : 20 minutes

1 Word est en mesure de reconnaître les entrées de notre table des matières grâce au style Titre 1 qui a été appliqué à tous les titres de la fiche de cuisine. Cliquez en tête du document, dans la première page vide. Sur le ruban Références, cliquez sur le bouton Table des matières : le menu propose deux modèles prédéfinis. Attention, le troisième est un modèle destiné à une saisie manuelle des entrées. Si les modèles ne vous conviennent pas, cliquez sur Insérer une table des matières.

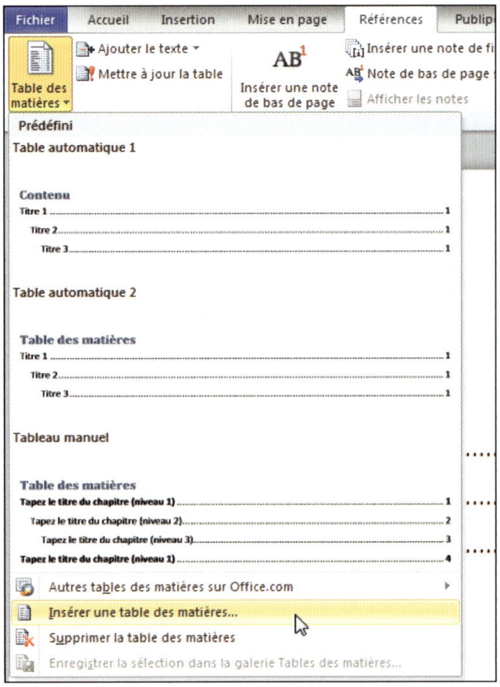

2 Dans la boîte de dialogue Table des matières, décochez la case Afficher les numéros de page si vous désirez uniquement les titres. Le menu Formats propose un certain nombre de modèles prédéfinis. Pour personnaliser complètement la table des matières, choisissez Depuis modèle dans la liste Formats puis cliquez sur le bouton Modifier.

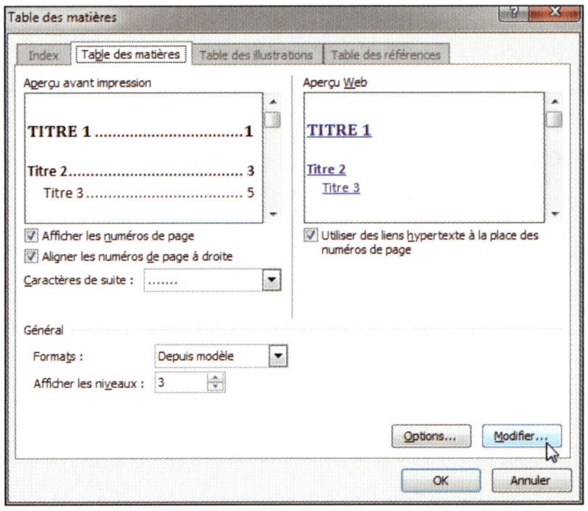

3 Les styles intitulés TM 1, TM 2, etc. sont respectivement les styles des niveaux 1, 2, etc., de la table des matières. Sélectionnez TM 1 puis cliquez sur le bouton Modifier. Dans la boîte de dialogue Modifier le style, choisissez la police et la taille d'affichage pour le texte du premier niveau de la table des matières. Recommencez éventuellement avec les niveaux 2 (TM 2) et 3 (TM 3). Cliquez deux fois sur OK pour fermer les boîtes de dialogue.

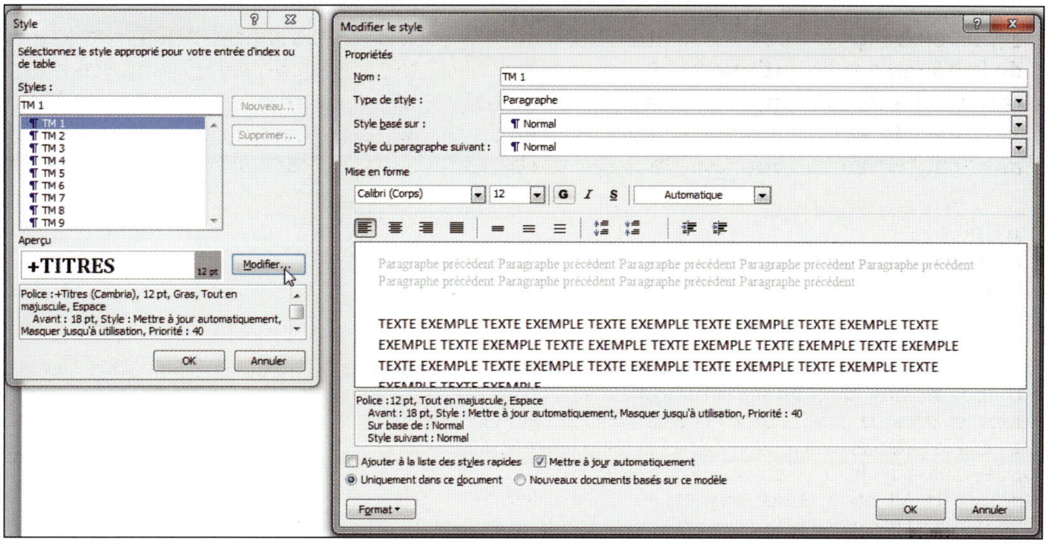

4 Il est parfois intéressant d'intégrer dans une table des matières des éléments non hiérarchiques tels que les légendes de figures. Nous allons introduire par exemple les titres de partie qui n'ont pas été définis volontairement en niveaux de titre. Sélectionnez le premier titre de partie (Entrées) à inclure dans la table des matières. Appuyez sur la combinaison de touches ALT+MAJ+O.

5 Dans la boîte de dialogue Marquer l'entrée de la TM, cliquez sur Marquer. Pour marquer les entrées suivantes, sélectionnez un à un les titres de partie, cliquez dans la zone Entrée, puis sur Marquer. Si les caractères masqués sont affichés (bouton ¶ sur Accueil), vous voyez apparaître du code au niveau de chaque définition : il s'agit d'un champ d'entrée TC de table des matières.

6 L'étape suivante consiste à modifier le champ de la table des matières elle-même afin qu'elle prenne en charge les entrées que vous venez d'ajouter. Positionnez-vous sur la première page et appuyez sur Alt+F9. La table des matières générée est remplacée par le code de son champ. Cliquez à la fin du champ et ajoutez \F.

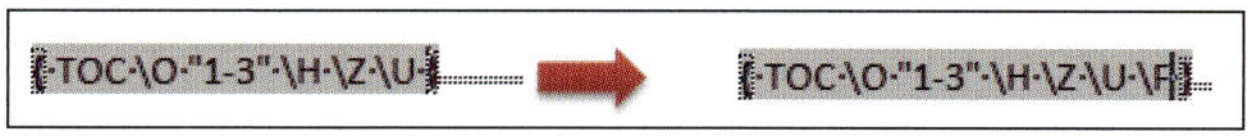

7 La table des matières n'est pas dynamique. Si vous modifiez le document comme nous venons de le faire, vous devez demander à Word d'actualiser cette table. Appuyez sur Alt+F9 pour réafficher la table des matières puis cliquez-droit dessus. Choisissez Mettre à jour les champs puis cochez la case Mettre à jour toute la table dans la boîte de dialogue Mettre à jour la table des matières. Cliquez sur OK, la table inclut désormais toutes les entrées ajoutées à la main.

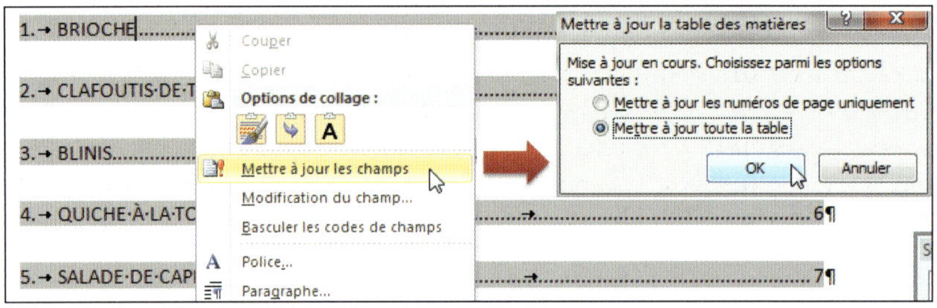

8 Cliquez sur l'icône Enregistrer et observez la barre d'état dans le bas de la fenêtre de Word. Vous allez voir s'afficher tour à tour « Word enregistre Recettes.docx », puis « Word enregistre Fiche-cuisine_4.docx », puis « Word enregistre Fiches-cuisine_5.docx » et enfin « Fiches-cuisine_6.docx ». Tous les fichiers constituant ce document sont enregistrés puisque nous les avons modifiés en ajoutant la numérotation des titres puis les entrées de table des matières.

TP 19 Ajouter/supprimer des sous-documents

Vous avez remarqué que les deux sous-documents Fiches-cuisine_5 et Fiches-cuisine_6 comportaient plusieurs fiches de cuisine appartenant pour les premières à la catégorie Entrées et pour les secondes à la catégorie de plats Viande-volailles. La combinaison de ces documents dans un document maître permet de travailler dans des documents plus petits lorsqu'il s'agit simplement d'ajouter une fiche de recette. Imaginons que vous ayez envie par la suite de créer d'autres sous-documents intégrant des recettes de desserts ou de cocktails. Vous devez alors savoir comment ajouter ou supprimer des sous-documents dans le document maître.

Prérequis : TP17 et TP18
Fichier employé : Recettes.docx tel qu'il se présente à la fin du TP précédent.
Temps de réalisation : 5 minutes

1 Nous allons commencer par supprimer le premier sous-document contenant l'unique fiche de recette de la brioche. Affichez le document Recettes.docx en mode Plan, vérifiez que le bouton Afficher le document du ruban Mode Plan est activé, puis cliquez sur l'icône dans le coin supérieur gauche de la première fiche. Le sous-document apparaît sélectionné. Appuyez simplement sur la touche Suppr pour le supprimer.

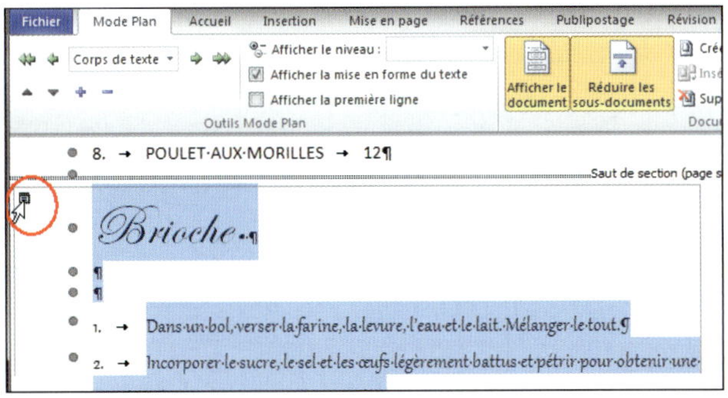

2 Cliquez sur le bouton Réduire les sous-documents, votre livre ne contient plus que deux sous-documents. Si maintenant vous désirez ajouter un nouveau sous-document, vous constatez que le bouton Insérer n'est plus affiché sur le ruban : vous devez d'abord activer les boutons Afficher le document et Développer les sous-documents.

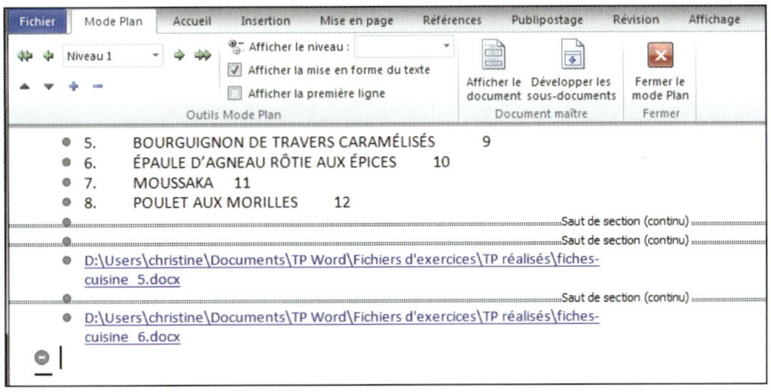

3 Positionnez le pointeur dans le bas du document puis cliquez sur Insérer. Localisez le fichier Fiches-cuisine_7.docx et double-cliquez dessus. Le livre de recettes contient maintenant une troisième partie desserts. Sélectionnez ce titre de partie, ajoutez-le à la table des matières et mettez-la à jour comme cela été expliqué dans le TP précédent.

4 Sur le ruban affichage, cliquez sur le bouton Zoom et choisissez 20 %. Cela vous donne un aperçu de votre livre à ce stade. Vous constatez que Word a automatiquement numéroté les pages du nouveau sous-document.

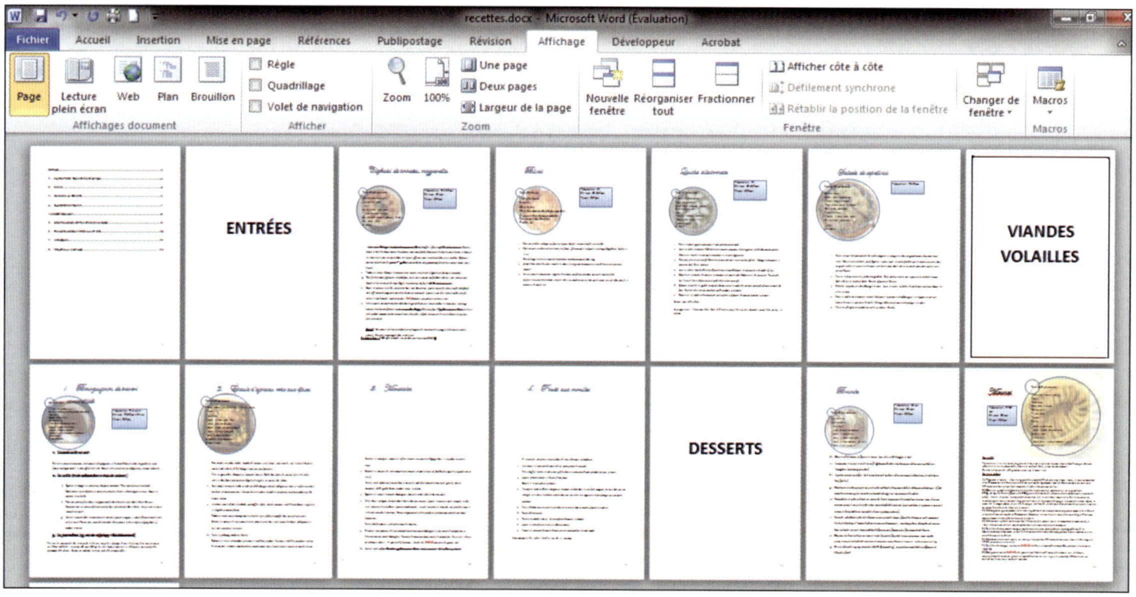

TP 20

Maîtriser les en-têtes de pages

Lorsque vous créez un livre de référence tel que notre livre de recettes, vous pouvez aider le lecteur à se repérer dans l'ouvrage en ajoutant des en-têtes et pieds de page contenant les titres de parties et/ou de chapitres. Nous avons déjà activé ces en-têtes/pieds de page en insérant les numéros de pages, nous allons dans ce TP insérer le titre de partie dans l'en-tête. Par définition, un en-tête ou pied de page est identique dans tout le document, il va donc falloir tirer parti des sections pour afficher tantôt Entrées, tantôt Viande, etc.

Prérequis : TP4
Fichier employé : Recettes.docx tel qu'il se présente à la fin du TP précédent.
Temps de réalisation : 10 minutes

1 En mode d'affichage Page, positionnez-vous sur la première page du document (la table des matières) puis cliquez sur le bouton En-tête du ruban Insertion. Choisissez le premier modèle intitulé Vide. Notez que la ligne de séparation entre l'en-tête et le corps du document contient une étiquette annonçant le numéro de section. Le mode plan introduisant un saut de section (page suivante) et un saut de section (continu) entre deux documents insérés, vous constaterez que vous passez directement de la section 1 à la section 3.

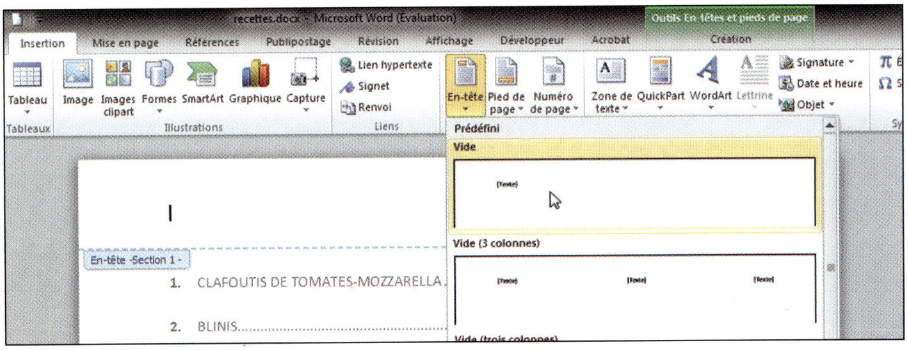

2 À l'opposé de l'étiquette indiquant le numéro de section se trouve celle indiquant le lien avec l'en-tête/pied de page précédent. Par défaut, tous les en-têtes et pieds de page sont liés les uns aux autres et dès que vous allez saisir du texte dans l'un d'eux, tous les autres afficheront le même contenu. Nous allons commencer par rompre cette liaison entre deux sections différentes afin d'afficher pour chacune d'elles un en-tête personnalisé.

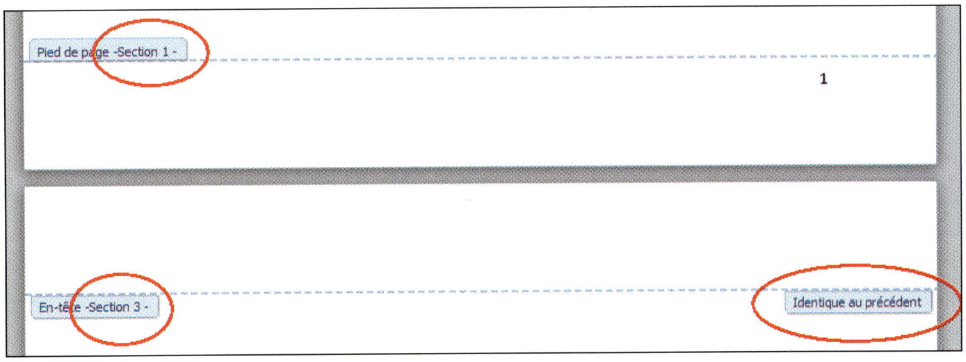

3 Cliquez dans le premier en-tête de la section des entrées puis sur le bouton Lier au précédent du ruban Création. Ce bouton se désactive et l'étiquette Identique au précédent disparaît. Recommencez l'opération pour les parties Viande et Dessert.

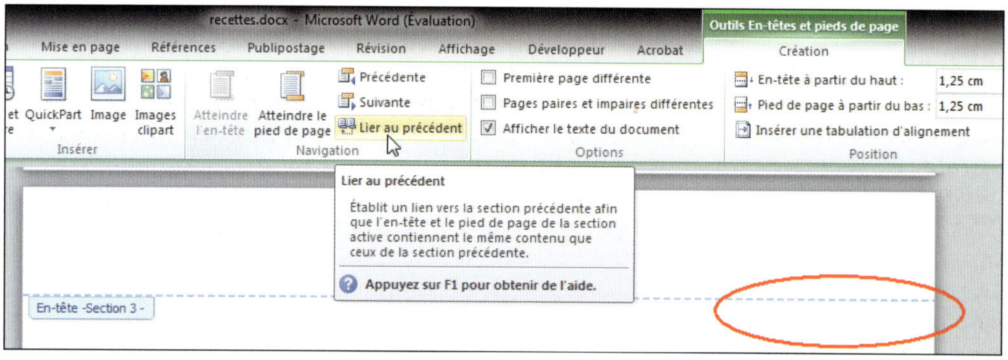

4 Il ne reste plus qu'à remplir les en-têtes. Cliquez dans un des en-têtes de la première partie et saisissez Entrées. Tous les outils de mise en forme du texte sont disponibles sur le ruban Accueil, comme lorsque vous travaillez dans le corps du document. Choisissez une police et une taille appropriée, et centrez le texte. Recommencez pour les autres parties du livre de recettes. Double-cliquez dans le document pour fermer les en-têtes/pieds de page.

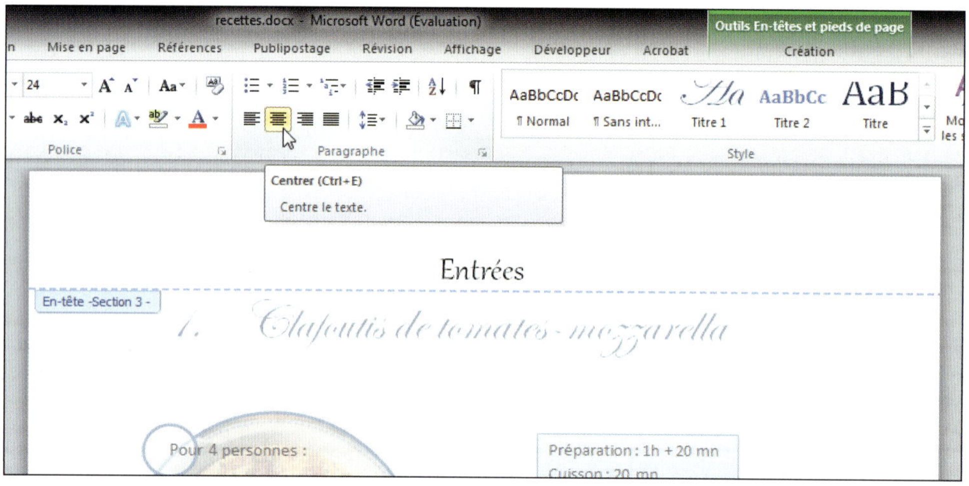

TP 21 Ajouter un index

La création d'un index consiste à marquer certains termes dans le texte afin qu'ils soient listés à la fin du document, suivis des pages où ils figurent. Dans le cas de notre livre de recettes, nous pouvons marquer certains éléments dans la liste des ingrédients afin de retrouver, par l'intermédiaire de l'index, toutes les recettes contenant des courgettes, des tomates, etc. L'index est très pratique pour retrouver des éléments n'apparaissant pas dans la table des matières. Dans le cas de cet ouvrage de TP, par exemple, l'index vous permet de retrouver les TP dans lesquels est expliquée telle ou telle fonction.

Prérequis : aucun
Fichier employé : Recettes-2.doc.
Temps de réalisation : 10 minutes

1 Affichez la première recette du livre et sélectionnez un élément significatif dans la liste des ingrédients. S'il s'agit de la recette de Clafoutis de tomates, sélectionnez « tomates cerise ». Attention, on ne peut pas indexer le texte inséré dans un graphique SmartArt, sélectionnez les termes dans la recette. Appuyez ensuite sur Alt+Maj+X ou sur le bouton Entrée du ruban Références.

2 Dans la boîte de dialogue Marquer les entrées d'index, cliquez sur Marquer pour insérer une entrée uniquement pour cette occurrence du terme ou sur Marquer tout pour que Word recherche aussi toutes les autres occurrences de ce terme dans le document. Dans le cas d'un livre de recettes, l'option Marquer tout semble la plus appropriée.

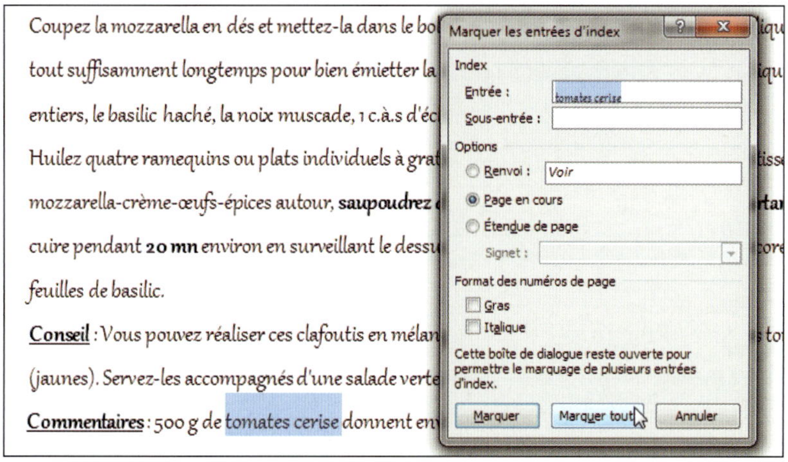

3 Ne refermez pas la boîte de dialogue Marquer les entrées d'index. Sélectionnez l'entrée suivante puis cliquez directement sur Marquer ou Marquer tout. Dès que vous marquez la première entrée, Word affiche les caractères masqués afin que vous puissiez repérer ces entrées. Il s'agit cette fois de champs XE.

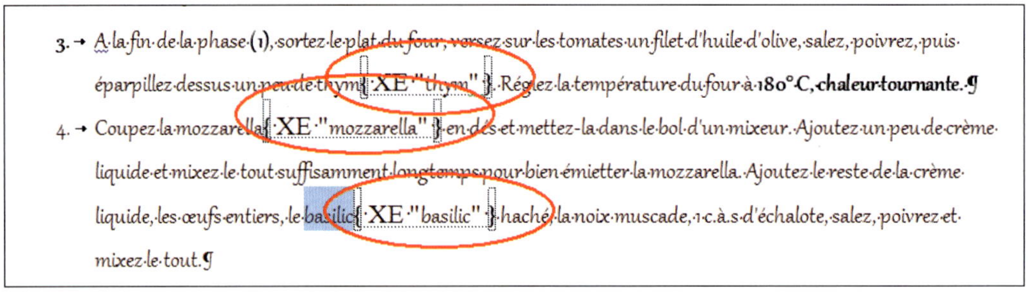

4 Une fois que les champs d'entrée sont définis, vous devez demander à Word de générer l'index. Cliquez à la fin du document puis sur le bouton Insérer l'index du ruban Références. Précisez les options de mise en forme dans la boîte de dialogue Index (nombre de colonnes, position des numéros de pages) puis cliquez sur OK.

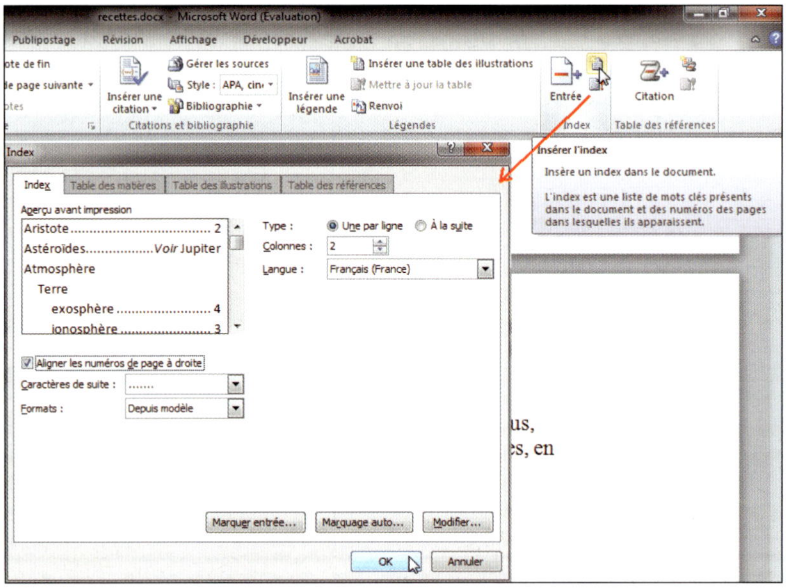

5 Vérifiez le résultat. Si les entrées apparaissent dans différentes polices, sélectionnez tout l'index puis appuyez sur Ctrl+Barre d'espace ou cliquez sur le bouton Effacer la mise en forme du ruban Accueil.

Abricots	8	Morilles	1, 11
Aubergines	10	Mozzarella	1, 3, 5
Basilic	3, 5, 6	Olives	6
Béchamel	10	Parmesan	5, 10
Bleu d'Auvergne	6	Pâtes	6, 11
Brioche	1, 13	Pesto	5
Capellinis	1, 6	Pignons	6
Cumin	9	Piment	8, 9
Curcuma	9	Poulet	1, 11
Épaule d'agneau	1, 9	Riz	8, 11
Jambon	6	Thym	3, 8, 9
Marinade	8, 9	Tomates cerise	3
Miel	8	Travers	1, 8

TP 22

Ajouter une page de garde

Notre livre de recettes ne serait pas complet sans une page de titre digne de ce nom. En règle générale, un document de plusieurs pages de type rapport ou mémoire présente toujours en couverture le titre, l'auteur, la date. Cette page est la première à être visualisée par le lecteur, elle doit être soignée pour ne pas susciter une mauvaise impression. Si le document lui-même contient des images, vous pouvez même envisager d'ajouter une sélection de ces dernières. C'est ce que nous allons faire dans ce TP afin d'aborder quelques outils d'organisation d'images les unes par rapport aux autres.

Prérequis : TP6
Fichier employé : Recettes-2.doc.
Temps de réalisation : 15 minutes

1 Ouvrez le document Recettes-2.doc et cliquez à gauche de la première ligne (le titre de la table des matières). Cliquez ensuite sur le bouton Page de garde du ruban Insertion et choisissez un modèle dans la galerie qui s'affiche. Puisque nous avons l'intention d'insérer des images, choisissez un modèle relativement dépouillé comme celui des blocs empilés.

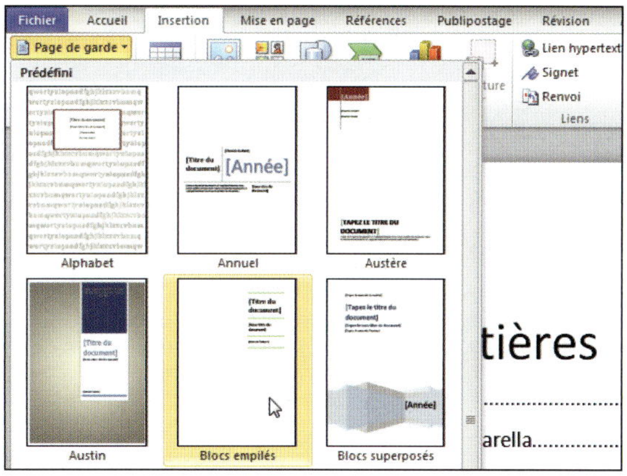

2 La page de couverture est créée avec plusieurs champs de texte. Saisissez les titres et sous-titres en cliquant simplement sur le texte à remplacer. Pour modifier les couleurs, cliquez sur l'élément concerné et servez-vous du ruban Création associé. Dans le cas du modèle Blocs empilés, par exemple, il s'agit d'un tableau. Choisissez Bordure et trame dans le menu Bordures de ce ruban.

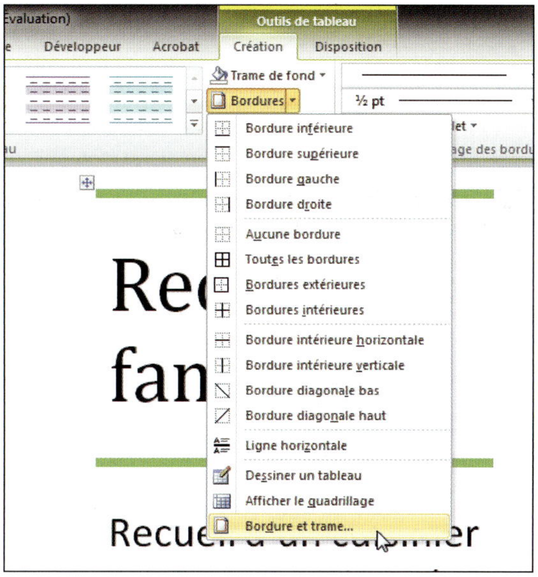

3 Dans la boîte de dialogue Bordure et trame, cliquez sur la flèche du menu Couleur et choisissez une autre couleur parmi celles du thème proposées. Si vous n'y trouvez pas la nuance désirée, cliquez sur Autres couleurs et choisissez-en une dans le nouveau sélecteur qui apparaît.

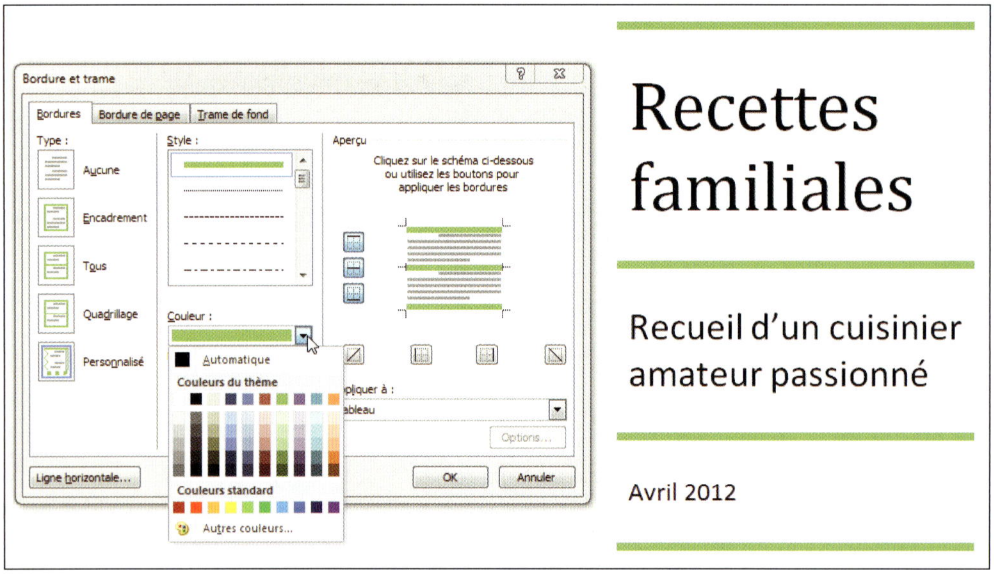

4 Attention : ne vous précipitez pas pour cliquer sur OK. Vous avez choisi la couleur, il faut maintenant indiquer où l'appliquer. Cliquez sur les bordures du tableau affichées dans la zone Aperçu pour appliquer la nouvelle couleur. Cliquez sur OK pour valider vos changements. Il ne reste plus qu'à agrémenter cette page de quelques photos de plats.

5 Pour simplifier les insertions d'images, nous allons commencer par définir le mode Devant le texte comme mode d'insertion par défaut. Cliquez sur le menu Office ou Fichier, choisissez Options (2010) ou Options Word (2007). Dans la boîte de dialogue Options Word, sélectionnez à gauche la catégorie Options avancées et localisez la section Couper, copier et coller. Choisissez Devant le texte dans la liste en regard de l'option Insérer/coller les images en tant que…

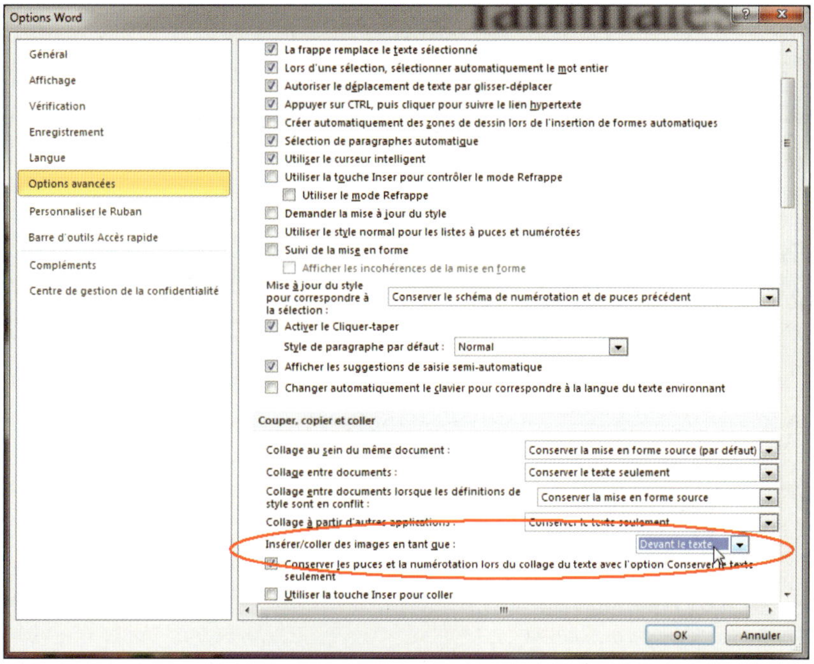

6 Comme expliqué au TP6, insérez ensuite trois ou quatre images sur la page de garde sans vous préoccuper de les positionner. Nous allons aborder maintenant plusieurs techniques de manipulations des images. Pour affecter la même taille à plusieurs images, par exemple, sélectionnez-les en cliquant dessus avec la touche Ctrl enfoncée, puis saisissez une valeur de hauteur ou de largeur (pas les deux pour qu'elles ne soient pas déformées) sur le ruban Format. Appuyez sur Entrée pour valider : elles adoptent automatiquement la même largeur ou hauteur.

7 Pour changer l'ordre « d'empilage » des images, cliquez-droit sur une des images à changer puis choisissez Ordre, Mettre au premier-plan ou Mettre à l'arrière-plan selon le cas. Si vous travaillez avec Word 2010, n'hésitez pas à gommer l'arrière-plan de certaines images en appliquant la technique étudiée dans le TP13.
Une autre technique pour agrémenter la page de garde consiste à mettre une image en fond de page au naturel ou en version filigrane. Effacez toutes les images insérées aux étapes précédentes sauf celle que vous désirez afficher. On ne peut pas la définir comme fond de page ou comme filigrane car ces deux options s'appliquent à toutes les pages du document. Commencez par afficher entièrement la première page en cliquant sur le bouton Une page du ruban Affichage.

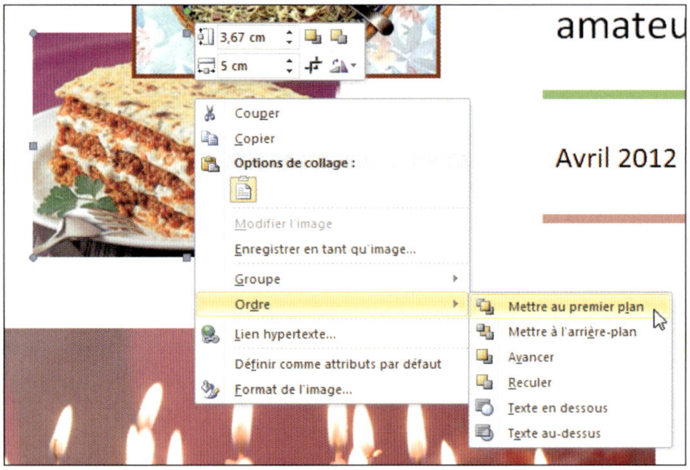

8 Cliquez-droit sur l'image et choisissez Ordre, Texte au-dessus pour la positionner en arrière-plan du texte. Pour terminer, saisissez des valeurs de hauteur et largeur sur le ruban Format suffisantes pour que l'illustration recouvre entièrement la page et faites-la glisser avec la souris jusqu'à ce que l'effet soit celui que vous recherchez. N'hésitez pas à l'étendre bien au-delà des bords de la page.

TP 23 Modifier la numérotation des pages dans un document

Lorsqu'on demande à Word de numéroter les pages, il commence à la première par défaut, ou à la seconde si on a coché la case Première page différente dans la boîte de dialogue Mise en page. Lorsqu'un document contient une page de garde, une table des matières et une page de remerciements ou d'introduction, la numérotation des pages ne doit commencer qu'à la quatrième. Dans ce cas, il faut une fois de plus faire appel aux sections pour isoler la première série de pages.

Prérequis : aucun
Fichier employé : Recettes-3.docx
Temps de réalisation : 5 minutes

1 Ouvrez le document Recette-3.docx puis cliquez sur le bouton Brouillon du ruban Affichage. Cela vous permet de visualiser les sauts de pages et de section. Vous constatez qu'entre la page d'introduction et la page de titre de la première partie se trouve un simple saut de page. Pour numéroter à partir de la page de titre et pas les pages précédentes, il faut introduire ici un saut de section.

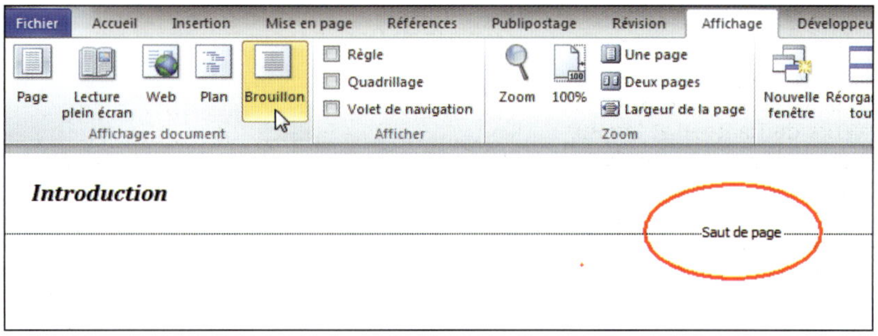

2 Cliquez sur la ligne du saut de page, appuyez sur la touche Suppr pour l'effacer, puis cliquez sur le menu Sauts de page du ruban Mise en page. Choisissez Page suivante dans la section Sauts de section.

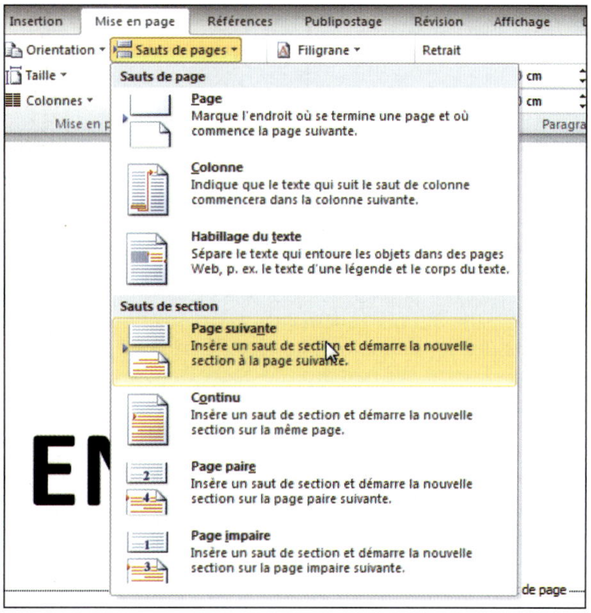

3 Affichez de nouveau le document en mode Page, positionnez-vous sur la page Entrées et double-cliquez dans la zone du pied de page pour l'activer. Vous constatez que vous êtes en section 3 et que ce pied de page est identique au précédent (donc identique à celui de toutes les pages précédentes). Cliquez sur le bouton Lier au précédent pour annuler cette dépendance.

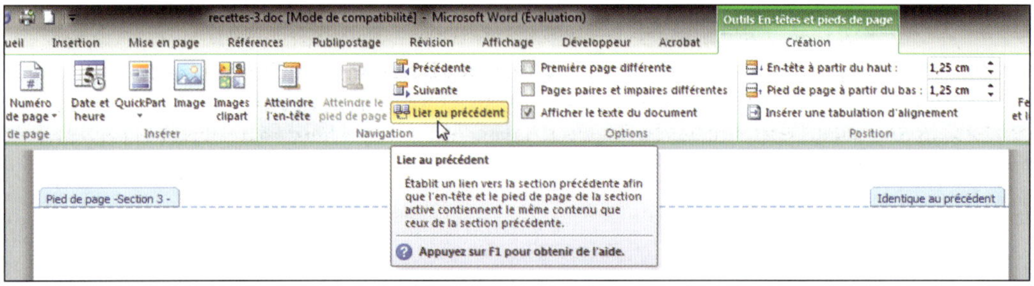

4 Cliquez maintenant sur le bouton Numéro de page, toujours sur le ruban Création des outils En-têtes et pieds de page, et choisissez Position Actuelle puis un format de nombre dans la liste proposée. Vérifiez que le numéro de page apparaît à l'emplacement du pointeur et dans les pieds des pages suivantes, mais pas dans les premières.

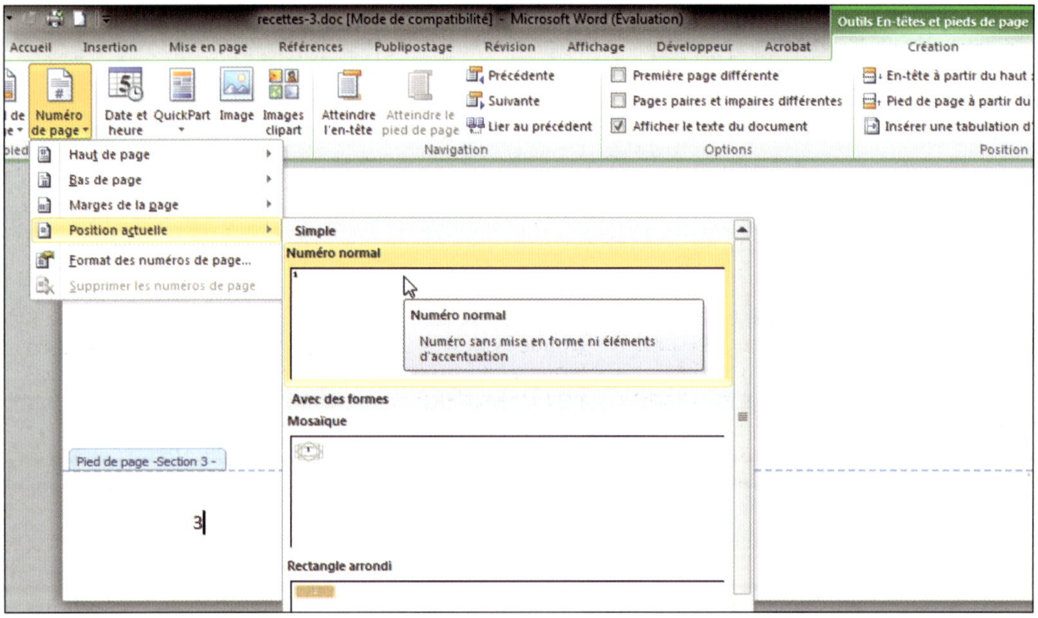

5 Pour la numérotation, Word a tenu compte des pages précédentes, c'est pourquoi la page Entrées affiche le numéro de page 3. Pour redémarrer à 1 sur cette page, cliquez sur le bouton Numéro de page et choisissez Format des numéros de page. Dans la boîte de dialogue de même nom, cochez la case À partir de et saisissez 1 dans le champ de texte. Cliquez sur OK. On peut dire que le saut de section est une sorte de séparation étanche qui évite la propagation des options de mise en page entre une section et la section précédente.

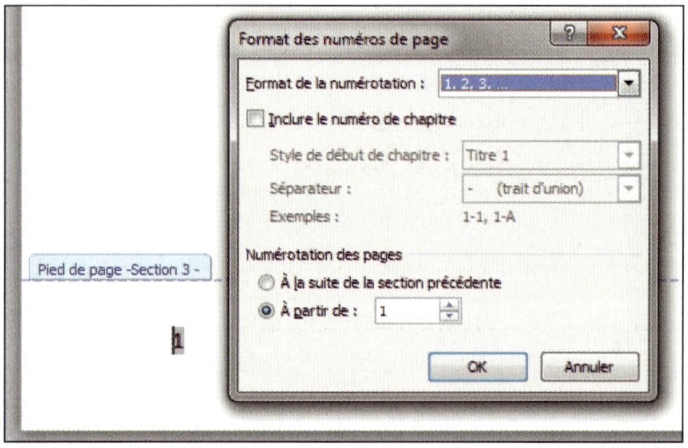

TP 24

Ajouter des notes de bas de page

Lorsqu'on désire ajouter des indications sur la signification d'un terme, sur l'origine d'une expression, ou tout simplement apporter un complément d'information sans toucher au texte d'origine, il faut utiliser les notes de bas de page de Word. Ce type de note peut aussi éviter de faire appel aux parenthèses. Vous disposez aussi des notes de fin de document, auxquelles vous pourriez recourir pour citer des sources par exemple.

Prérequis : aucun
Fichier employé : citations.docx
Temps de réalisation : 10 minutes

1 Ouvrez votre document (ou citations.docx) en mode d'affichage Page puis placez le curseur dans le texte, à l'endroit où vous souhaitez insérer l'appel de note. Cliquez ensuite sur le bouton Insérer une note de bas de page sur le ruban Références.

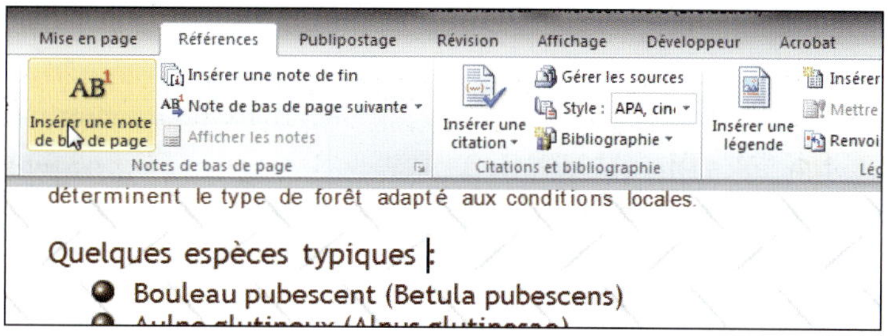

2 L'appel de note (un numéro) s'affiche aussitôt en exposant à l'emplacement du curseur et le même numéro apparaît dans le bas de la page, sous un séparateur de notes (la barre horizontale). Il ne reste plus qu'à saisir le contenu de la citation à cet endroit. Par défaut, à mesure que vous allez ajouter des citations dans le document, le numéro va s'incrémenter. Si vous insérez une note avant une autre déjà créée, Word actualise la numérotation de toutes les notes afin que cela corresponde à leur position dans le document.

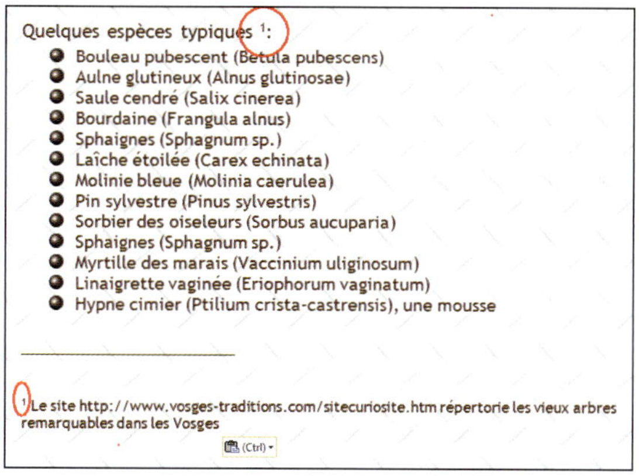

3 Si le comportement par défaut des notes ne vous convient pas, vous pouvez le personnaliser en cliquant sur le lanceur de boîte de dialogue du groupe Notes de bas de page du ruban Références. Dans la première liste de la boîte de dialogue qui s'affiche, vous avez la possibilité de choisir Sous le texte plutôt que Bas de page, auquel cas la note apparaît à la fin du paragraphe courant.

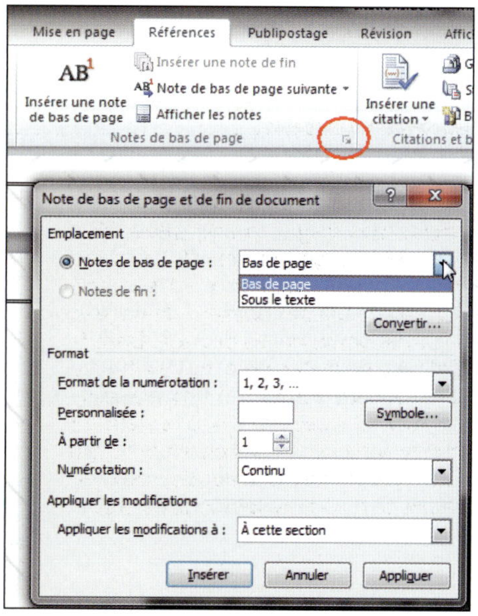

4 Si vous cliquez sur le bouton Convertir, une seconde boîte de dialogue vous proposent de convertir l'ensemble des notes de bas de page en notes de fin et inversement. Les menus suivants proposent de choisir le format et le premier chiffre de la numérotation, et s'il faut plutôt reprendre cette dernière à chaque début de page ou de section.

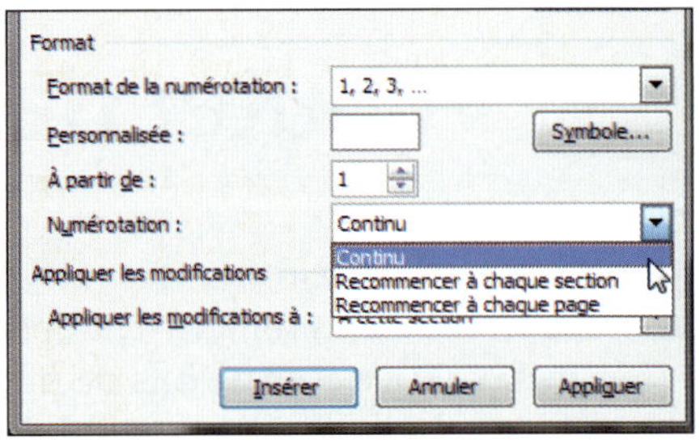

5 Cliquez maintenant sur le bouton Brouillon du ruban Affichage. Pour visualiser les notes dans ce mode, maintenez le pointeur au-dessus du numéro de note (une icône de note s'affiche) jusqu'à ce que le texte de cette dernière apparaisse. Pour visualiser toutes les notes du document, double-cliquez sur l'appel d'une note.

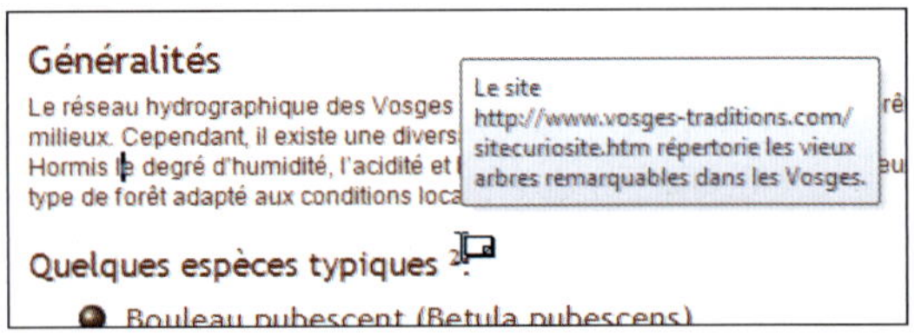

6 Le volet Notes de bas de page s'affiche dans le bas de la fenêtre Word. Vous avez ainsi la possibilité de relire ou de corriger toutes les notes insérées. Si vous désirez déplacer ou supprimer une note, vous ne devez pas agir dans cette fenêtre mais sur l'appel de note dans le texte. Pour déplacer l'appel de note, faites-le glisser jusqu'à l'emplacement voulu, pour le copier, maintenez la touche Ctrl enfoncée, puis faites glisser l'appel de notes jusqu'à l'emplacement voulu.

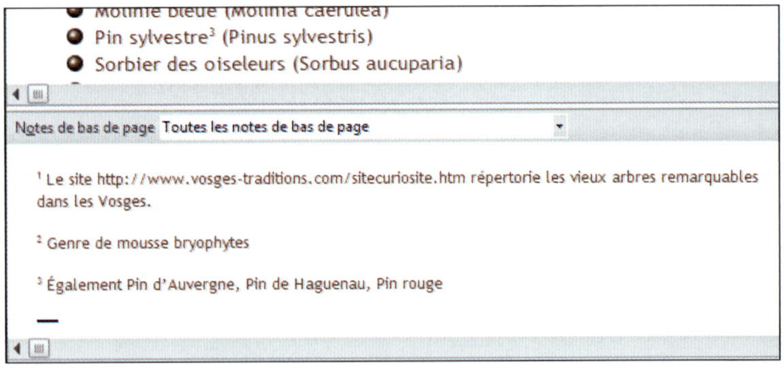

7 Enfin, si la note doit se poursuivre sur la page suivante, vous avez la possibilité de créer un indicateur de continuation pour signaler au lecteur que la note n'est pas complète (vous devez rester en mode d'affichage Brouillon). Dans le volet des notes, choisissez Indicateur de continuation de note de bas de page dans la liste déroulante, puis saisissez en dessous le texte de votre indicateur.

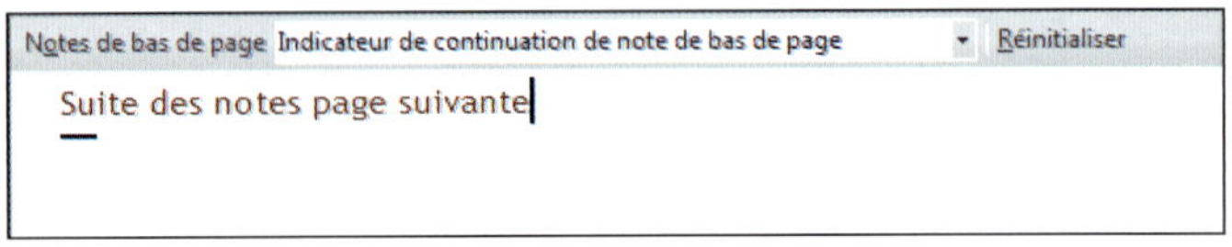

8 Replacez-vous en mode d'affichage Page, votre indicateur s'affichera automatiquement dès que Word manquera de place pour les notes de la page courante.

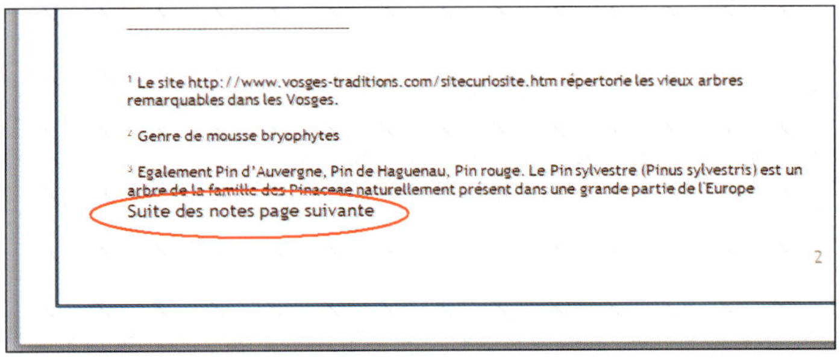

Transformer, protéger et partager un document

Les TP suivants décrivent comment insérer un filigrane, des fichiers audio ou vidéo, ou encore une feuille de calcul Excel afin d'introduire des formules ou des calculs dans les cellules d'un tableau. Ils décrivent également tous les outils à votre disposition pour travailler en collaboration et suivre facilement les révisions des autres intervenants sur le document. Les derniers TP présentent différents modes d'enregistrement sur Internet, simple enregistrement à distance pour des raisons de sauvegarde, pour exploiter les possibilités de partage ou publication directe du document dans un blog.

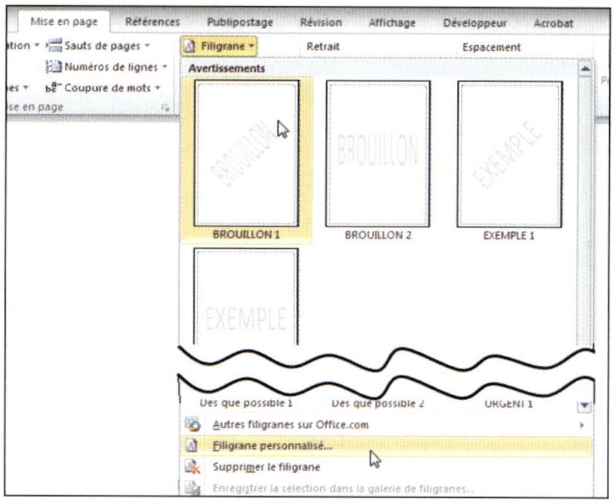

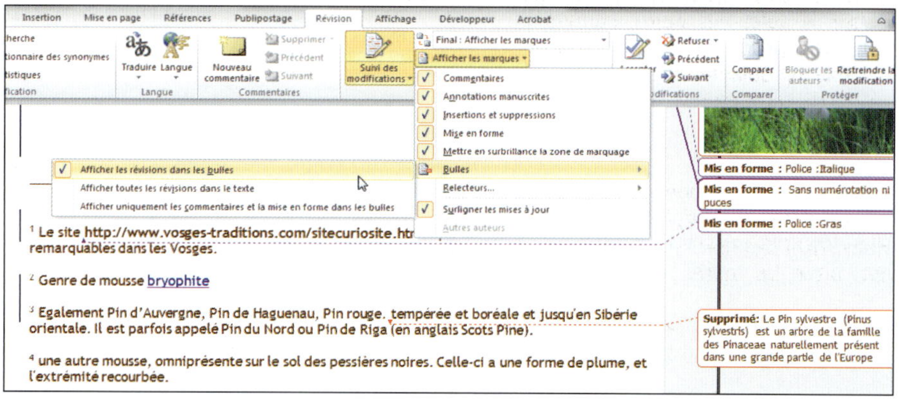

Pour aller plus loin, deux TP, disponibles sur www.dunod.com, expliquent comment protéger et enregistrer automatiquement une copie de ses fichiers.

TP 25

Ajouter un filigrane

Le filigrane est un texte ou une image qui s'affiche de façon estompée en arrière-plan d'un document. Il permet d'afficher un avertissement comme Urgent ou Confidentiel, par exemple. Un filigrane apparaît sur toutes les pages du document. Si vous souhaitez l'afficher que sur une seule page, insérez une image ou une zone de texte en mode Derrière le texte.

Prérequis : aucun
Fichier employé : aucun
Temps de réalisation : 5 minutes

1 Ouvrez le document à marquer puis cliquez sur le menu Filigrane du ruban Mise en page. Choisissez un modèle dans la galerie affichée, cliquez sur Filigrane personnalisé si aucun modèle ne vous convient. L'option Filigrane personnalisé permet de spécifier non seulement le texte à afficher mais aussi la couleur d'affichage du filigrane, la taille et la police employée.

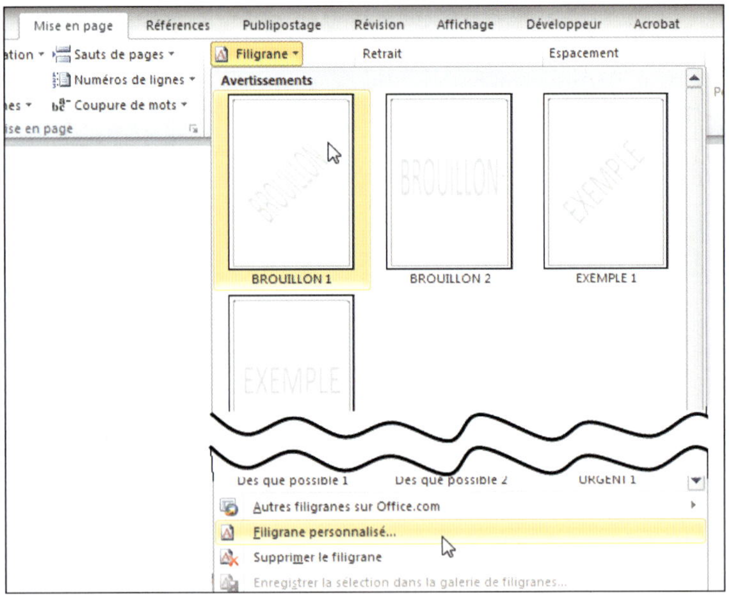

2 Vous définissez tous les aspects du filigrane dans la boîte de dialogue Filigrane imprimée. Par défaut, c'est le style texte qui est sélectionné mais vous pouvez très bien afficher une image en cliquant sur la case Image en filigrane puis sur le bouton Sélectionner Image. Décochez la case Estompée pour renforcer l'affichage de l'image (qui reste quand même atténuée).

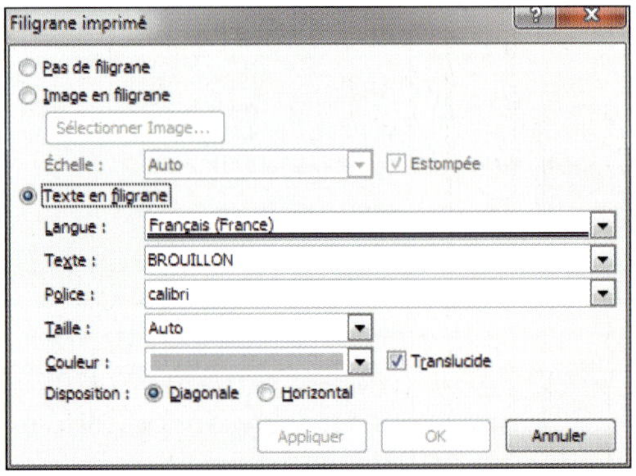

TP 26 Ajouter un fichier audio ou vidéo

Aujourd'hui, le marché des tablettes, portables, iPhone et autres appareils multimédias explose, et pour des raisons d'économie ou d'écologie, les documents sont de plus en plus souvent transmis par voie électronique plutôt que sur un support papier. De ce fait, pourquoi ne pas insérer dans un document Word une vidéo ou le fichier audio d'une interview ? Ces éléments apparaîtront sous la forme d'icônes représentant le type de fichier, et le destinataire du document n'aura qu'à cliquer dessus pour en lancer la lecture.

Prérequis : aucun
Fichier employé : applause.wav
Temps de réalisation : 5 minutes

1 Ouvrez votre document Word puis placez le pointeur là où vous désirez insérer le fichier audio ou vidéo. Sur le ruban Insertion, cliquez sur le menu Objet et choisissez Objet. Dans la boîte de dialogue Insérer un objet, activez l'onglet Créer à partir du fichier puis cliquez sur le bouton Parcourir.

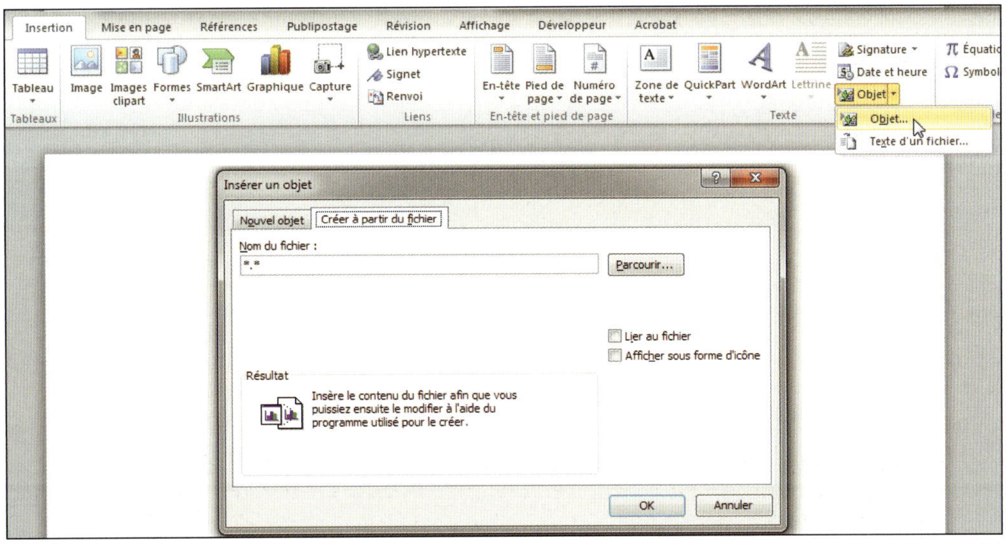

2 Localisez puis sélectionnez sur votre disque dur le fichier audio ou vidéo, cliquez sur Insérer puis sur OK dans la boîte de dialogue Insérer un objet. Le fichier audio ou vidéo apparaît aussitôt dans le document sous la forme de l'icône associée à ce type de fichier, complétée du nom du fichier. Le lecteur doit double-cliquer sur cette icône pour ouvrir le fichier dans le lecteur par défaut associé.

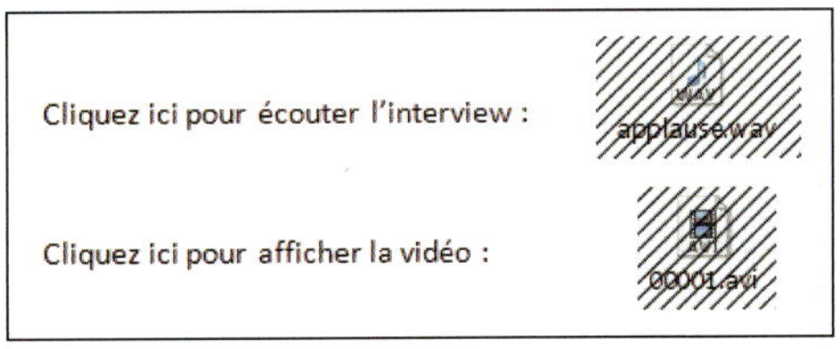

TP 27

Travailler à plusieurs sur un document

Il existe plusieurs façons d'utiliser Word pour collaborer avec d'autres personnes. Lorsqu'on travaille à plusieurs sur un même document, on peut soit insérer des commentaires qui n'apparaîtront pas dans le texte et qui seront facilement supprimés, soit demander à Word de signaler les passages modifiés avec le nom de l'auteur des révisions. C'est très pratique et vous gagnerez un temps fou. De plus, cela permet « d'isoler » les modifications pour choisir ensuite de les accepter ou non. Word affiche certains éléments de marquage dans le texte du document (les modifications de texte) tandis que d'autres sont affichés dans des bulles qui apparaissent dans la marge (les modifications de mise en forme par exemple).

Prérequis : aucun
Fichier employé : révisions.docx
Temps de réalisation : 5 minutes

1 Le travail de collaboration commence dès que l'auteur d'un document a besoin de le transmettre pour relecture ou correction. Il faut alors activer le suivi des modifications dans Word : sur le ruban Révision, cliquez sur le bouton Suivi des modifications (l'icône devient orange quand le suivi est activé). Le nom attribué à l'auteur des futures modifications est celui enregistré dans Microsoft Office. Si le correcteur n'est pas l'utilisateur habituel de Word, cliquez sur Changer le nom d'utilisateur dans ce menu et saisissez le nouveau nom.

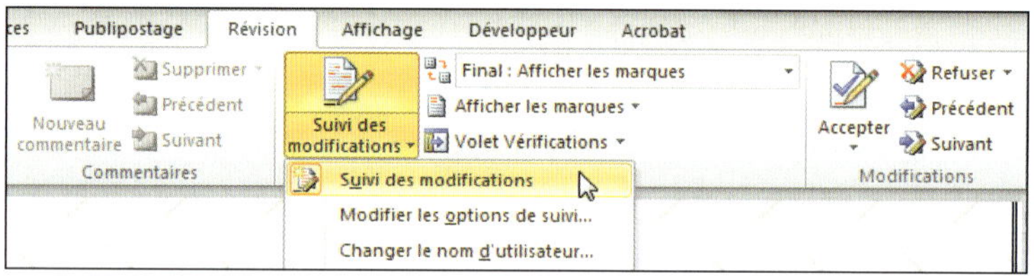

2 Dès que la révision est activée, Word commence à marquer toute modification effectuée dans le document, qu'il s'agisse du texte, d'une mise en forme, de l'insertion d'une image ou d'un simple espace. Par défaut, les suppressions s'affichent en texte barré, les ajouts en texte de couleur souligné et les autres modifications apparaissent dans des bulles.

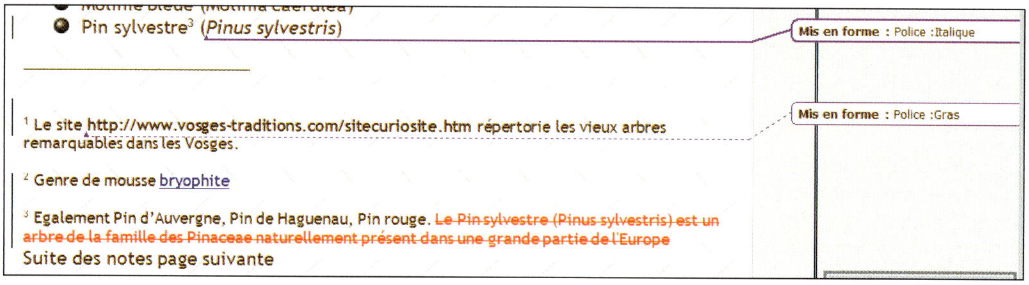

3 Vous pouvez choisir la couleur d'affichage du texte modifié et la façon dont le texte supprimé apparaît. Cliquez de nouveau sur le menu Suivi des modifications et Choisissez Modifier les options de suivi. Pour changer la couleur d'affichage des corrections, cliquez sur les menus Couleur à droite et remplacez l'option Selon l'auteur par la couleur choisie. Pour changer le mode d'affichage du texte supprimé, ouvrez le menu Suppressions et choisissez une autre option. L'option masquée simplifie la relecture puisque le texte barré disparaît, mais la correction risque de passer inaperçue.

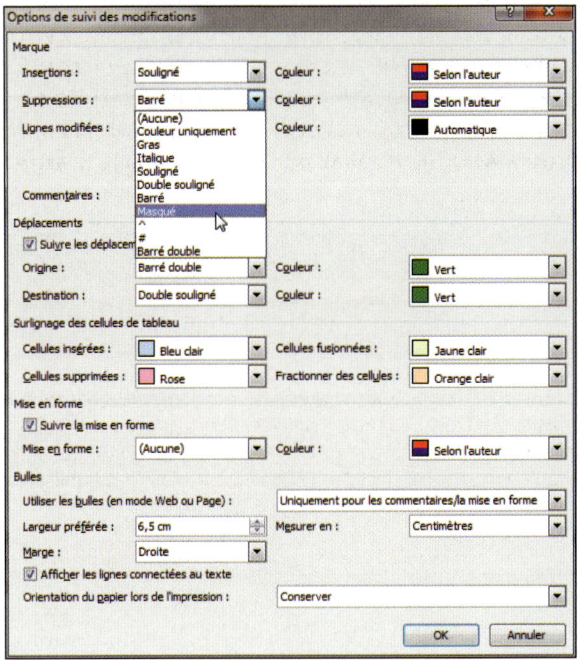

4 Une autre façon d'afficher le texte supprimé consiste à le faire disparaître dans le texte lui-même mais à l'afficher dans une bulle : cliquez sur le menu Afficher les marques, sur Bulles puis sur Afficher les révisions dans les bulles. Une bulle intitulée Supprimé et encadrée de la couleur des suppressions apparaît dans la marge et elle pointe à l'emplacement de la correction. Vous pouvez ainsi relire facilement le texte sans rater la moindre modification.

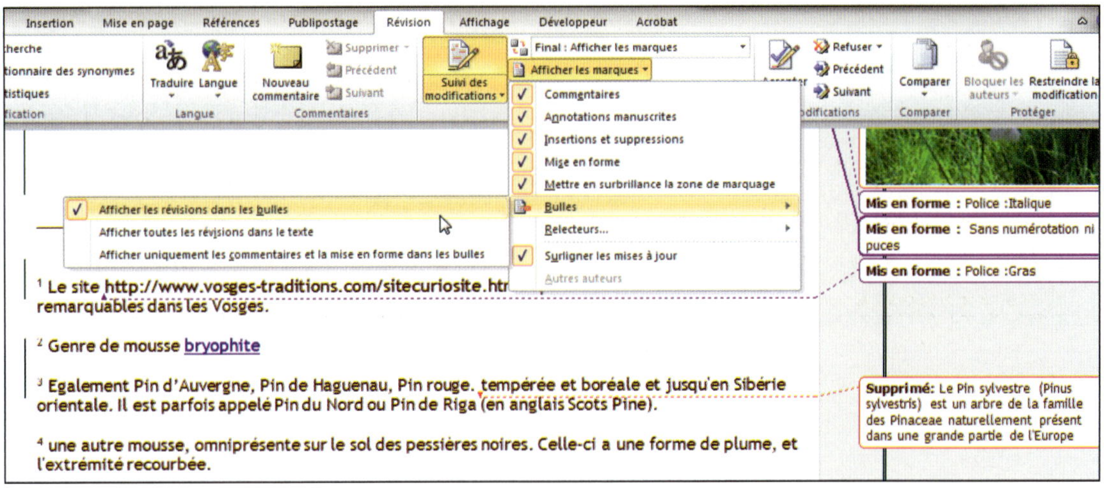

5 Même si les révisions sont activées, vous avez la possibilité d'afficher le document sans aucune marque, en version finale (corrigé) ou en version initiale. Cliquez sur le menu Afficher pour la révision et choisissez Final ou Original. Ces deux modes d'affichage pourraient se révéler pratiques si de nombreuses corrections de mise en forme ont été appliquées. Choisissez aussi le mode d'affichage final si vous désirez imprimer le document sans les marques de révision.

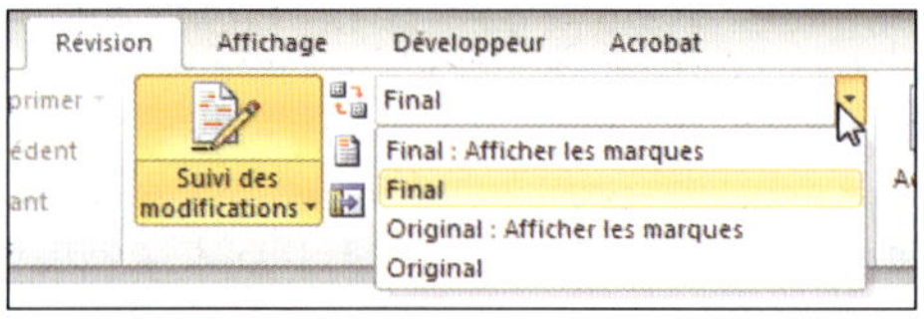

6 Une fois que le document a été révisé, il reste à consulter les modifications puis à les accepter ou à les refuser. Pour parcourir les modifications et les accepter ou les refuser ponctuellement, cliquez sur les flèches Précédent ou Suivant puis sur les boutons Accepter ou Refuser (groupe Modifications du ruban Révision).

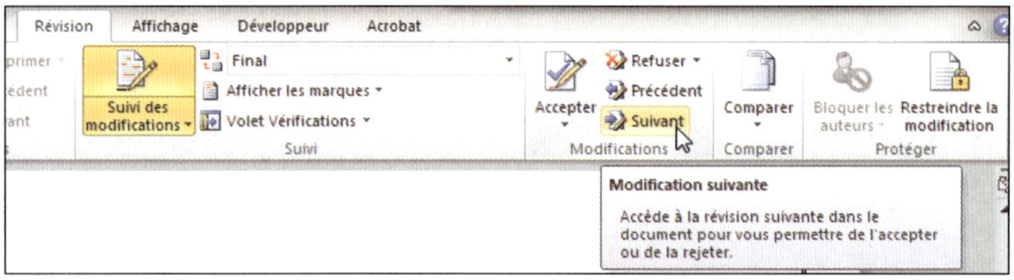

7 Pour accepter ou refuser en une seule opération toutes les modifications du document, cliquez sur la flèche du bouton Accepter ou sur celle de Refuser puis choisissez Accepter toutes les modifications dans le document ou Refuser toutes les modifications dans le document.

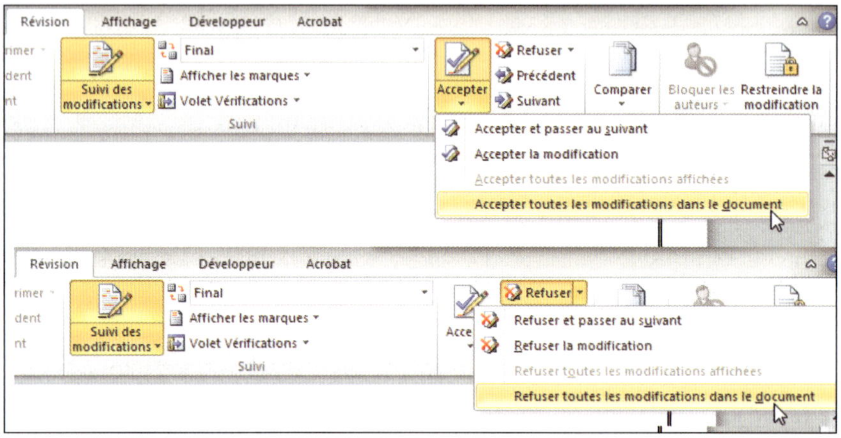

TP 28

Créer un bulletin de notes en insérant une feuille de calcul

Il est possible d'effectuer quelques opérations simples dans les tableaux de Word, mais il est bien plus efficace de faire appel à la puissance d'Excel dès que le tableau doit incorporer des calculs et fonctions. Comme tous les autres TP de cet ouvrage, celui-ci se déroule dans un document Word, mais au moment de l'insertion et du remplissage du tableau, nous « basculerons » temporairement de Word vers Excel. Cette fonction existait déjà avec Office 2003 mais elle était difficile à trouver. Depuis la version 2007, elle est directement affichée dans le menu Tableau. Ce modèle de bulletin sera réutilisé dans la section publipostage en version tableau Word afin d'éditer tous les bulletins d'une classe. Vous constaterez que les possibilités de calcul sont beaucoup plus limitées.

Prérequis : aucun
Fichier employé : Bulletin.docx
Temps de réalisation : 20 minutes

1 Ouvrez le document Bulletin.docx puis cliquez sous l'intitulé du bulletin. Sur le ruban Insertion, cliquez sur le bouton Tableau puis choisissez Feuille de calcul Excel. Une feuille Excel s'affiche et le ruban de Word se transforme en ruban Excel. Ce dernier va rester affiché dans cette version tant que vous allez travailler dans la feuille de calcul.

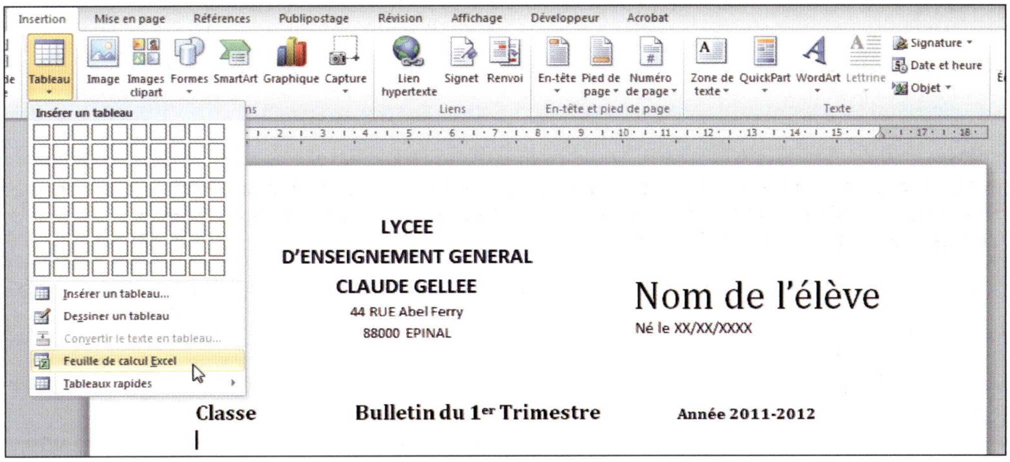

2 Cliquez dans les cellules du tableau et remplissez-les comme si vous étiez dans Excel. Saisissez Matières dans la cellule A1 puis sélectionnez les cellules B1 à E1. Cliquez sur le bouton Fusionner et centrer du ruban Accueil et saisissez Moyenne. Fusionnez également les cellules A1 et A2 puis les cellules F1 et F2 et saisissez Appréciations dans ces dernières.

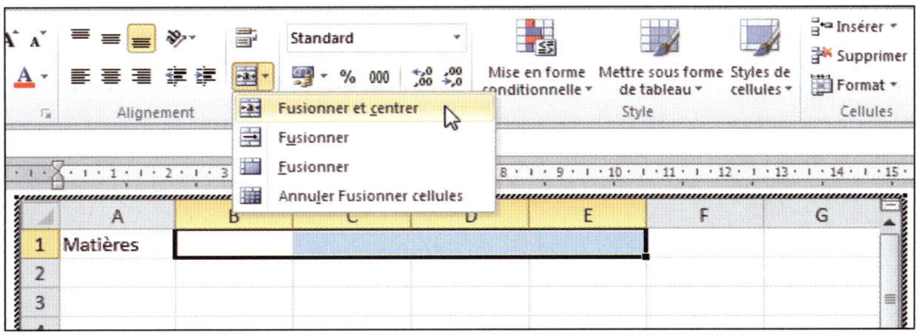

3 Remplissez les cellules suivantes comme dans la figure ci-dessous puis sélectionnez les colonnes B à E (positionnez le pointeur sur la lettre B puis maintenez le bouton de la souris enfoncé jusqu'au E). Placez le pointeur sur une des lignes qui séparent les noms de colonnes jusqu'à ce qu'il se transforme en double flèche puis glissez la ligne vers la gauche afin de réduire au maximum la taille des quatre colonnes. De la même façon, élargissez la colonne des appréciations.

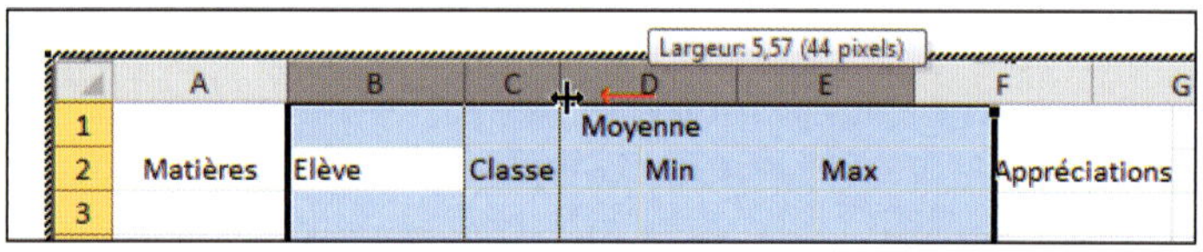

4 Puisque nous n'avons pas besoin de la colonne G, positionnez le pointeur sur la poignée de redimensionnement sur le bord droit du cadre de la feuille (le carré noir) puis faites-le glisser jusqu'à la limite de la colonne F. Procédez de la même façon pour agrandir le tableau vers le bas afin de saisir l'ensemble des matières.

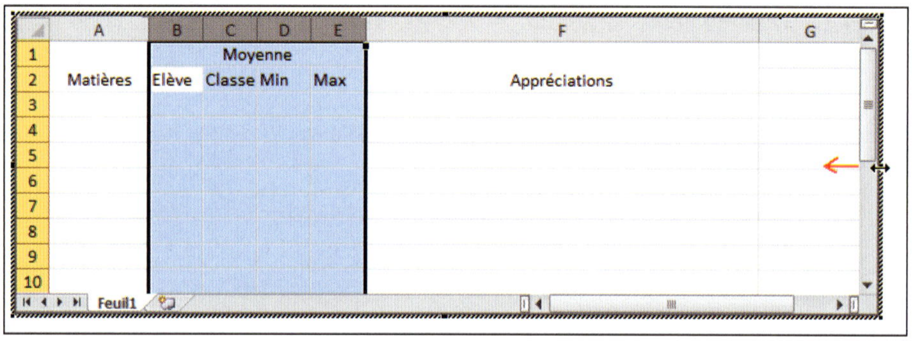

5 Pour terminer ce modèle de tableau, nous devons préparer le calcul des moyennes générales. Cliquez dans la première cellule disponible sous la liste des moyennes de l'élève puis cliquez sur le bouton Somme. Sélectionnez ensuite toutes les cases à partir desquelles la moyenne doit être calculée, c'est-à-dire les cases B3 à B10 dans notre exemple.

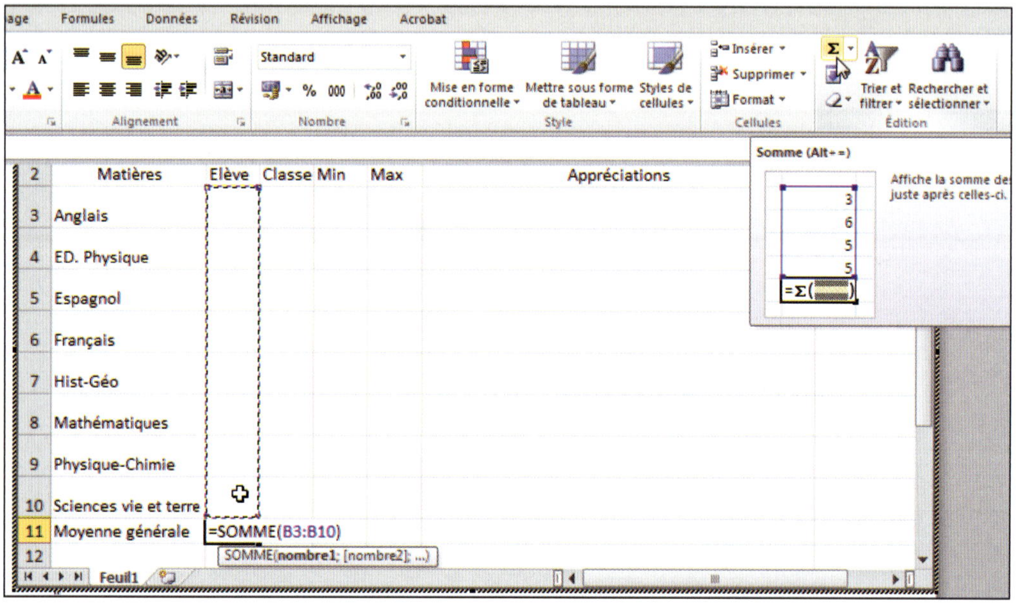

6 Cliquez ensuite dans la barre de saisie et divisez cette somme par le nombre de matières pour obtenir la moyenne. Si vous utilisez directement la fonction Moyenne dans cette cellule, vous comprendrez pourquoi nous avons choisi de calculer la somme puis de diviser : vous allez obtenir une erreur de division par zéro car les cellules sont encore vides. Recopiez ensuite la formule dans les trois cases suivantes en faisant glisser son coin inférieur droit (attendez que le pointeur se transforme en petite croix noire).

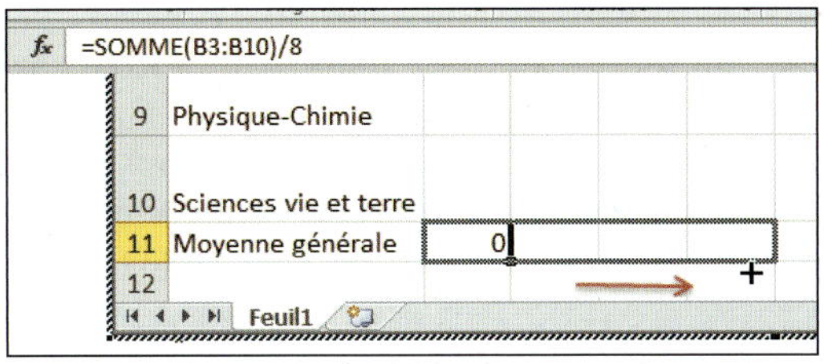

7 Pour Terminer, double-cliquez dans le bas du document pour « sortir » du mode Excel. Les intitulés de lignes et de colonnes disparaissent, le tableau redevient un tableau Word ordinaire. Nous venons d'obtenir un modèle de bulletin que vous pouvez remplir pour chaque élève. Cependant, toutes les notes étant généralement centralisées dans un tableau Excel, la génération de tous les bulletins peut être réalisée à l'aide d'un publipostage comme expliqué au TP33.

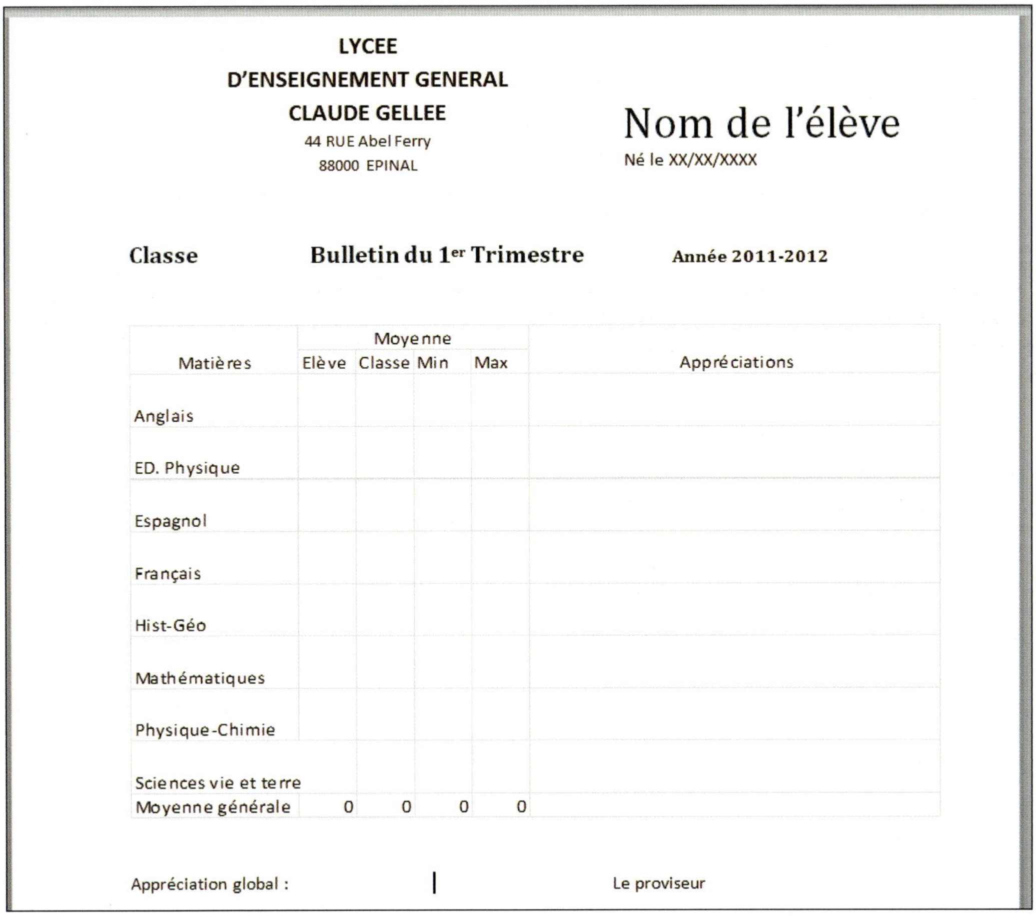

LYCEE
D'ENSEIGNEMENT GENERAL
CLAUDE GELLEE
44 RUE Abel Ferry
88000 EPINAL

Nom de l'élève
Né le XX/XX/XXXX

Classe **Bulletin du 1er Trimestre** **Année 2011-2012**

Matières	Moyenne				Appréciations
	Elève	Classe	Min	Max	
Anglais					
ED. Physique					
Espagnol					
Français					
Hist-Géo					
Mathématiques					
Physique-Chimie					
Sciences vie et terre					
Moyenne générale	0	0	0	0	

Appréciation global : Le proviseur

TP 29 Sauvegarder ou partager sur Internet

Tous les fournisseurs d'accès proposent aujourd'hui un espace de publication et de stockage gratuit sur Internet, appelé stockage dans le *cloud* ou dans le nuage. Vous pouvez y publier un blog, des photos, stocker des documents, de la musique, des vidéos, en accès privé ou à partager avec d'autres internautes. L'intérêt est que vous y avez accès depuis n'importe où via une connexion à internet. Microsoft n'est pas en reste avec le site Windows Live et vous y êtes déjà abonné si vous possédez un compte Hotmail, Messenger ou Xbox live. Vous disposez sur ce site de 25 Go de mémoire de stockage gratuite. Ce TP et le suivant expliquent la procédure à suivre avec Windows Live mais vous pouvez tout aussi bien les adapter aux offres d'Orange, de Free, etc.

Prérequis : aucun
Fichier employé : aucun
Temps de réalisation : 10 minutes

1 Si vous travaillez avec Word 2010, passez directement à l'étape 3. Word 2007 ne bénéficie pas de l'accès direct à l'espace de stockage en ligne, mais vous pouvez contourner cette difficulté en définissant cet espace comme un lecteur réseau sur votre ordinateur. Lancez le navigateur et saisissez skydrive.live.com dans la barre d'adresse. Si vous disposez déjà d'un compte Hotmail, Messenger ou Xbox live, saisissez vos identifiant et mot de passe puis cliquez sur Se Connecter. Sinon, cliquez sur Inscrivez-vous et suivez la procédure.

2 Si vous vous connectez pour la première fois, votre espace contient deux dossiers privés (Documents et Images) et un dossier public (Public) dans lequel vous pouvez stocker des fichiers à publier sur Internet. Dans la barre d'adresse, sélectionnez les caractères affichés à droite de « cid= » et appuyez sur Ctrl+C pour les copier (si ces caractères ne sont pas affichés, cliquez sur Fichiers à gauche). Quittez votre espace de travail.

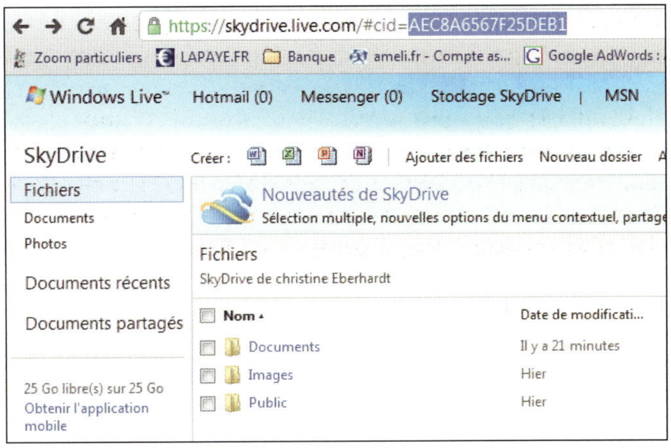

3 Dans le menu Démarrer de Windows 7, cliquez sur Poste de travail puis sur le bouton Connecter un lecteur réseau de la barre d'outils.

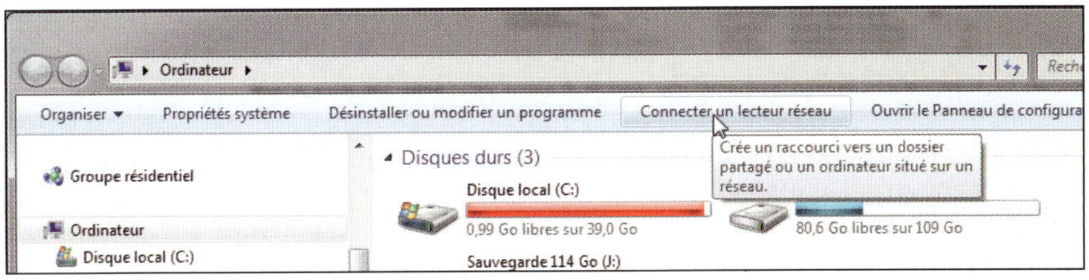

4 Dans la boîte de dialogue Connecter un lecteur réseau, choisissez une lettre pour votre lecteur, dans la partie Dossier, tapez \\docs.live.net@SSL\, puis collez à la suite le numéro cid que vous avez copié. Cochez Se reconnecter à l'ouverture de session pour ne pas avoir à refaire la manipulation. Cliquez sur Terminer. Dans la fenêtre Sécurité de Windows qui s'affiche, saisissez vos identifiants et cochez la case Mémoriser ces informations si vous êtes sur votre ordinateur.

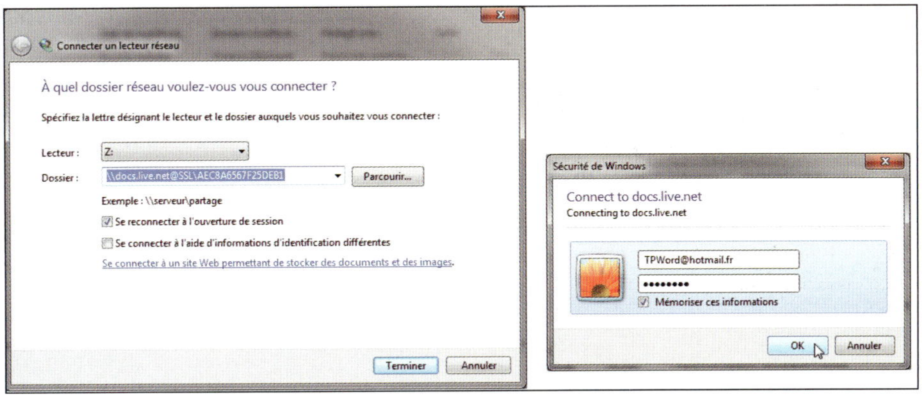

5 Le nouveau lecteur apparaît dans la liste des périphériques de stockage connectés sur votre ordinateur. Dès lors, il suffira de le sélectionner au moment de l'enregistrement d'un document dans Word pour l'enregistrer directement à cet emplacement. Pour savoir comment partager les documents déposés sur votre espace de stockage Skydrive, passez à l'étape 10.

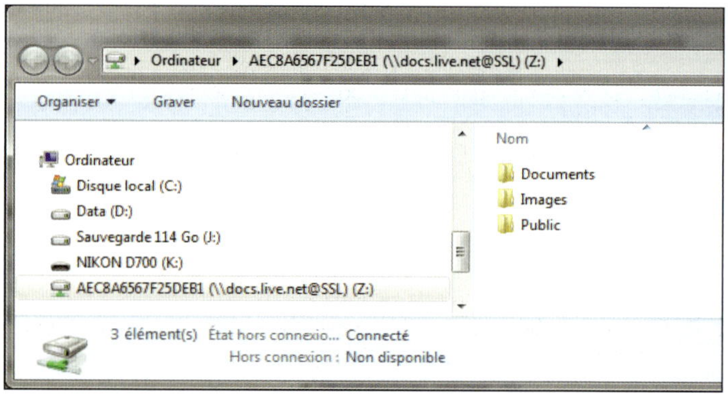

6 Dans Word 2010, ouvrez le document à enregistrer sur Internet (ou n'importe quel fichier d'exercice pour tester). Cliquez sur l'onglet Fichier, sur Enregistrer et envoyer, puis sur Enregistrer dans le site Web. Si vous ne possédez pas encore de compte Hotmail, Messenger ou Xbox live, cliquez sur le lien S'inscrire à un Windows Live et suivez la procédure. Notez que vous pouvez vous inscrire avec votre adresse de messagerie existante si elle est compatible avec la messagerie Windows Live. Cliquez ensuite sur le bouton Connexion, entrez votre identifiant Windows Live ID et votre mot de passe, puis cliquez sur OK.

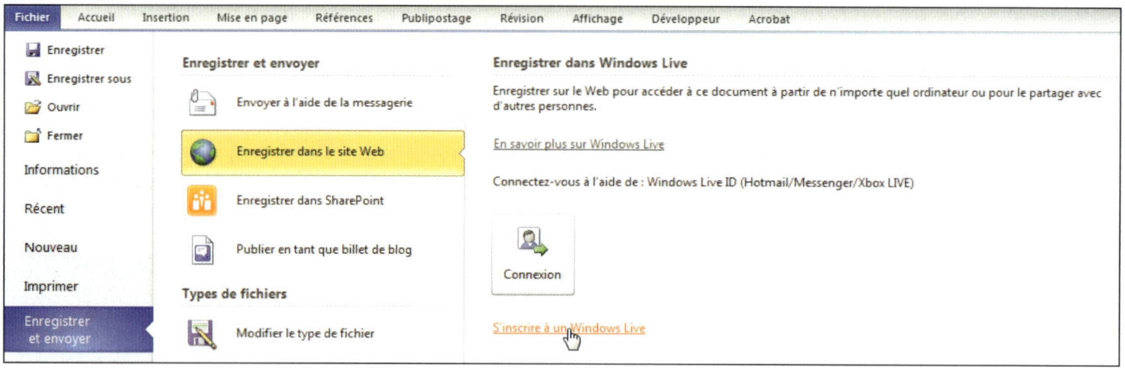

7 Si vous vous connectez pour la première fois, deux dossiers d'enregistrement seulement apparaissent : le dossier Documents privé, l'équivalent de votre dossier local Mes documents, et un dossier Public partagé. Si vous désirez créer un nouveau dossier personnel, cliquez sur le bouton Nouveau. Le navigateur Internet s'ouvre sur la page de connexion Microsoft SkyDrive. Saisissez votre mot de passe et cliquez sur le bouton Se connecter.

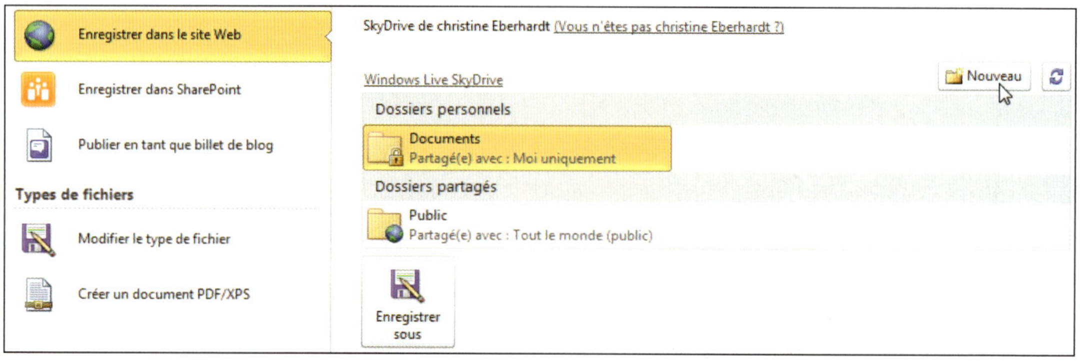

8 Sur la page Créer un dossier, saisissez le nom de ce dernier. À ce niveau, vous pouvez choisir de partager ce dossier avec d'autres internautes en cliquant sur le lien Modifier, ou reporter cette opération à plus tard. Cliquez sur Suivant, le dossier apparaît dans la page SkyDrive avec toutes les options et informations le concernant dans la colonne de droite.

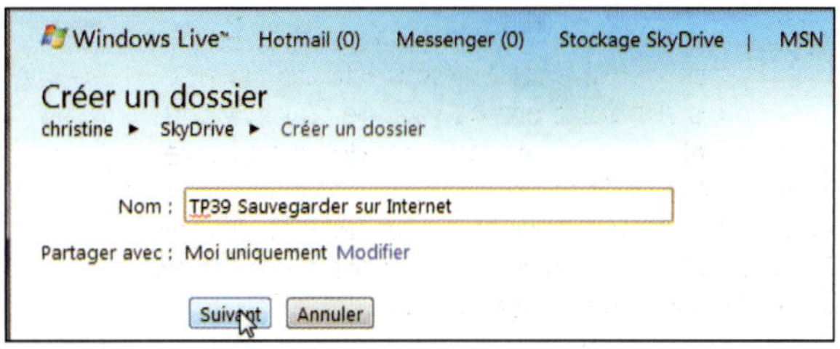

9 De retour dans Word, cliquez sur le bouton Actualiser : Word récupère votre nouvelle liste de dossiers dans Skydrive. Sélectionnez le dossier d'enregistrement puis cliquez sur le bouton Enregistrer sous. Tapez un nom pour votre fichier et cliquez sur Enregistrer.

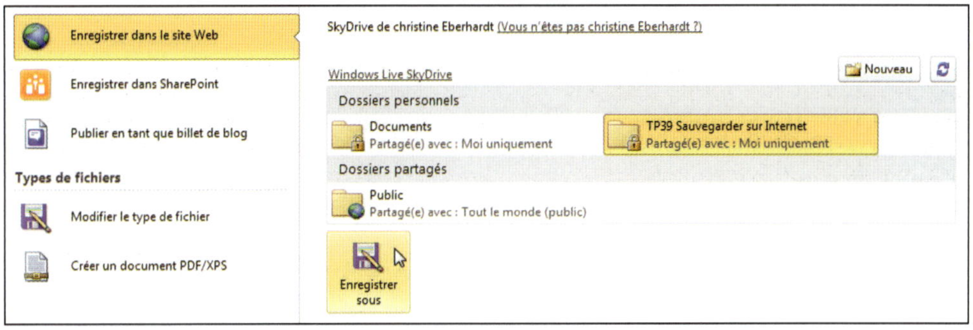

10 Le document est à présent enregistré sur SkyDrive.live.com. Sur ce site, vous pouvez autoriser les utilisateurs à afficher et modifier le contenu de vos dossiers. Lorsque vous voulez partager un dossier ou un document, cochez-le dans la liste puis cliquez sur le lien Partager à droite.

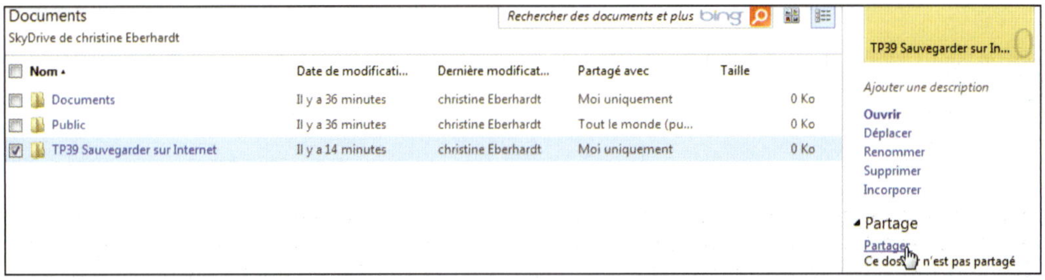

11 La fenêtre Partager offre deux options : cliquez sur le lien Obtenir un lien pour récupérer l'adresse Web de votre dossier ou document en précisant si ce lien doit ou non autoriser le destinataire à modifier le dossier ou document. Libre à vous d'envoyer ensuite ce lien aux intéressés. Sinon, saisissez l'adresse de vos destinataires dans le champ À, saisissez éventuellement un message personnalisé, décochez la case Les destinataires peuvent modifier le contenu si l'accès doit s'effectuer en lecture seulement, puis cliquez sur Partager. Les destinataires vont alors recevoir le lien vers le document ou dossier dans un message électronique, et il leur suffira de cliquer sur ce lien pour accéder à l'élément partagé.

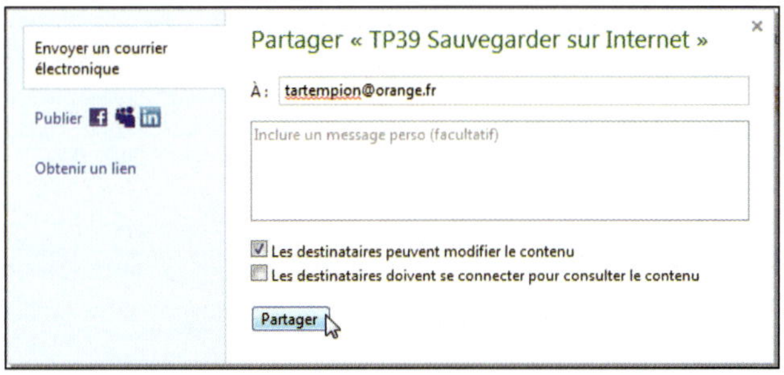

TP 30 Publier dans un blog

Que vous soyez déjà l'auteur d'un blog ou que vous prévoyez d'en créer un afin de partager avec les internautes votre passion pour l'élevage des escargots ou la cuisine mongole, sachez que vous pouvez utiliser Word pour écrire, corriger et publier les messages sur votre blog. Word est en effet compatible avec la plupart des plateformes de blog du marché : Blogger, Wordpress, TypePad, etc. L'avantage c'est que vous préparez vos articles sans avoir besoin d'être connecté en permanence.

Prérequis : aucun
Fichier employé : aucun
Temps de réalisation : 30 minutes

1 Cliquez sur l'onglet Fichier, choisissez Nouveau, cliquez sur Billet de blog (Nouveau message de blog en 2007) puis sur le bouton Créer à droite. Aussitôt, la boîte de dialogue Enregistrer un compte de blog vous invite à saisir les informations requises pour accéder à votre blog. Cliquez sur Enregistrer plus tard afin d'ouvrir l'espace de travail de Word depuis lequel nous pouvons définir un ou plusieurs comptes de blog.

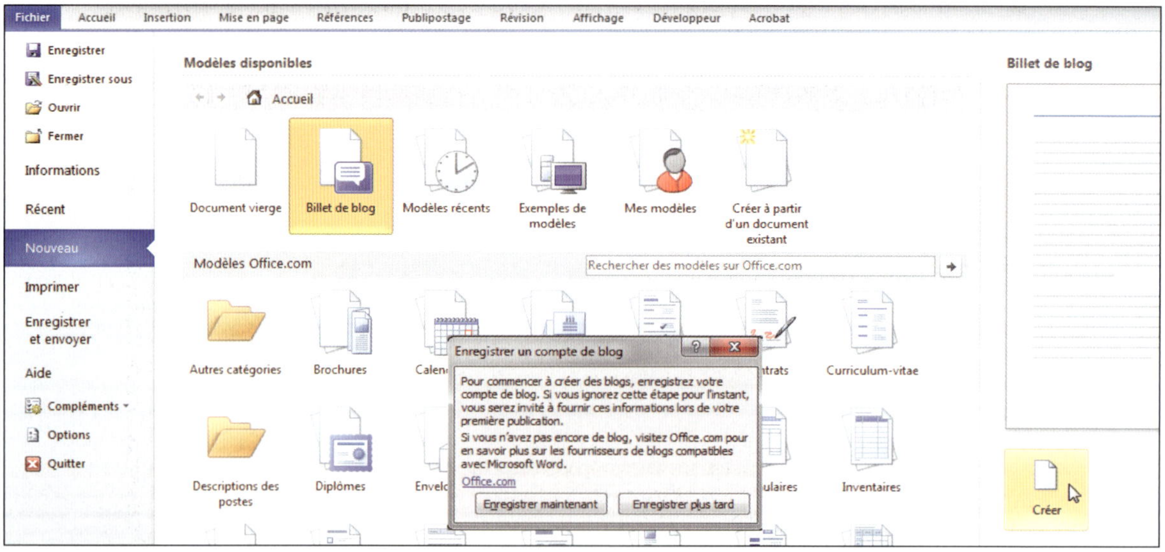

2 Sur le ruban Billet de blog, cliquez sur le bouton Gérer les comptes qui ouvre la boîte de dialogue Comptes de blog. C'est dans cette fenêtre que vous allez définir un ou plusieurs comptes pour vos publications. Cliquez sur le bouton Nouveau. Si vous n'avez pas encore choisi de fournisseur, l'étape suivante vous propose de consulter deux services gratuits : les espaces MSN remplacés par Wordpress (http://fr.wordpress.com) ou Blogger (http://www.blogger.com). Créez votre compte de blog puis passez à l'étape 3.

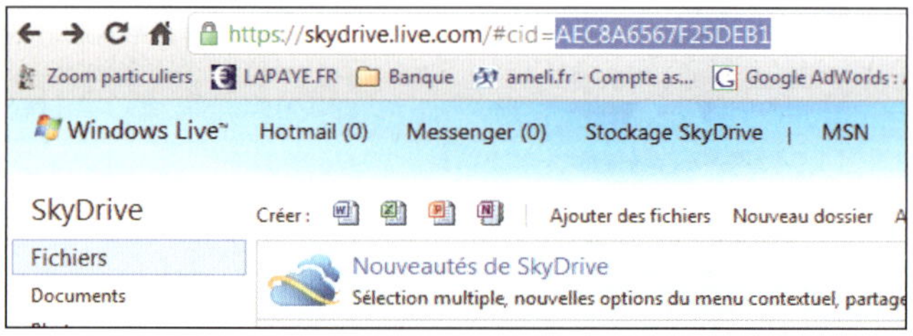

3 Dans la boîte de dialogue Nouveau compte de blog, choisissez votre fournisseur dans la liste déroulante puis cliquez sur Suivant. Dans la boîte de dialogue suivante, saisissez l'URL du blog créé s'il vous est demandé ainsi que votre nom d'utilisateur et votre mot de passe. Cliquez sur OK puis fermez la boîte de dialogue Comptes de blog.

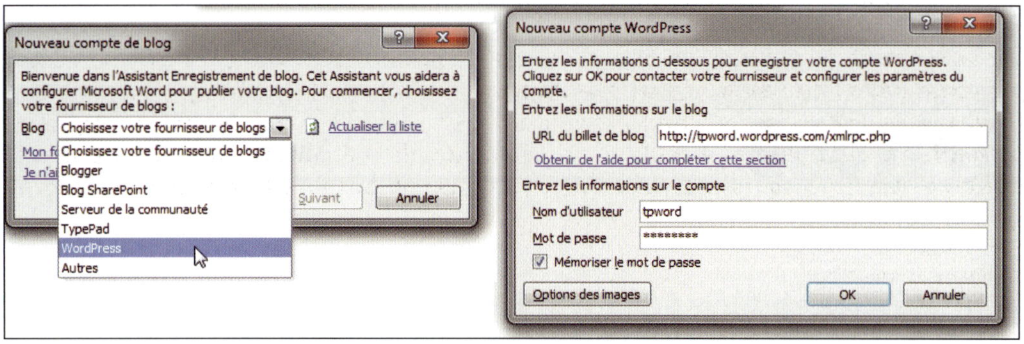

4 Dans le document, saisissez le titre du message puis le texte de l'article. Servez-vous des outils du ruban pour la mise en forme et activez le ruban Insertion afin d'illustrer votre message avec des images ou des graphiques (le copier-coller d'image ne fonctionne pas). Pour tester le résultat en ligne, ouvrez le menu Publier et choisissez Publier comme brouillon.

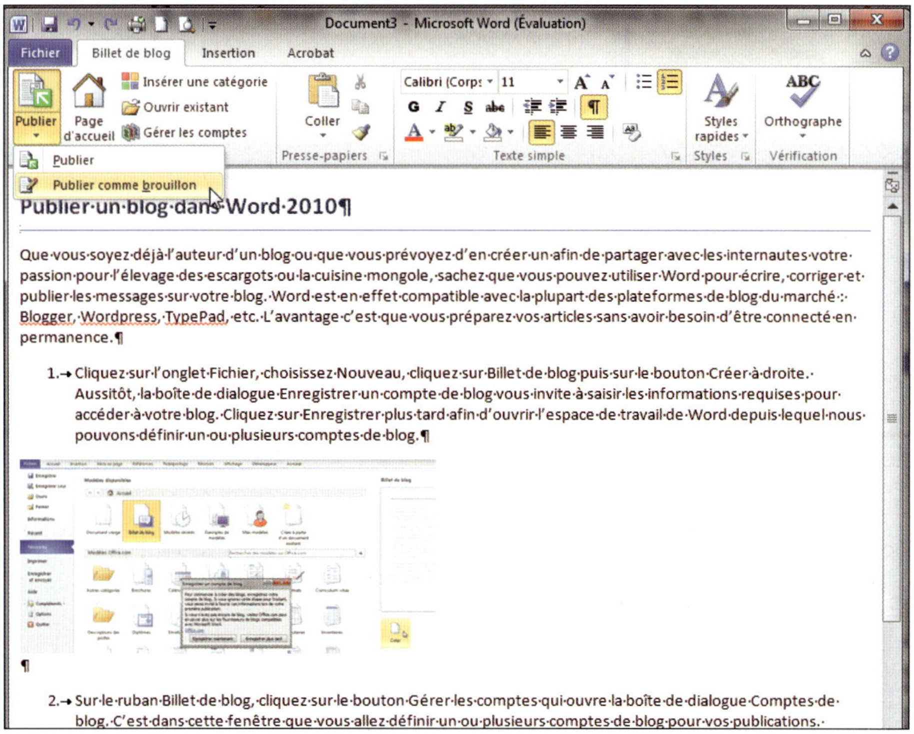

5 Ouvrez votre blog dans le navigateur Internet et vérifiez le résultat en cliquant sur le bouton Aperçu associé. Modifiez le document dans Word si nécessaire puis publiez de nouveau comme brouillon pour vérifier. Dès que vous jugez le document conforme à votre attente, cliquez sur le bouton Publier.

6 Vous avez la possibilité de classer vos articles par catégories. Dans ce cas, vous devez d'abord définir ces dernières dans votre compte sur le site du fournisseur de blog, puis cliquer sur le bouton Insérer une catégorie du ruban Billet de blog. Word récupère aussitôt la liste auprès du fournisseur et l'affiche sous le titre de l'article. Cliquez sur la flèche puis sur la catégorie concernée. Cliquez de nouveau sur Publier pour enregistrer les modifications.

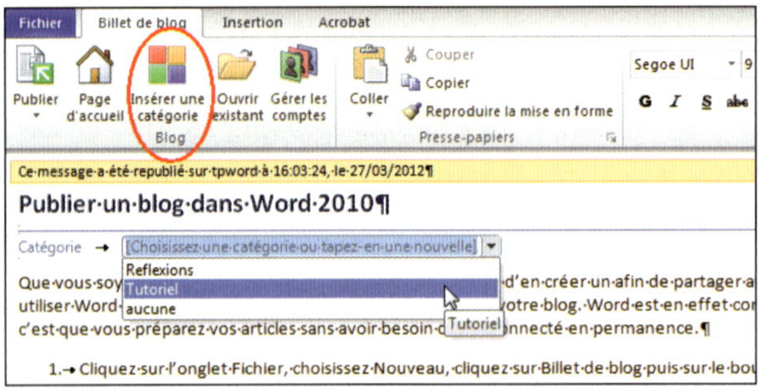

7 Pour modifier un article déjà publié, cliquez sur le bouton Ouvrir existant du ruban Billet de blog et choisissez le compte de blog puis l'article dans la liste qui s'affiche. Cliquez sur OK : l'article s'ouvre dans la fenêtre Word. Modifiez-le puis cliquez de nouveau sur Publier.

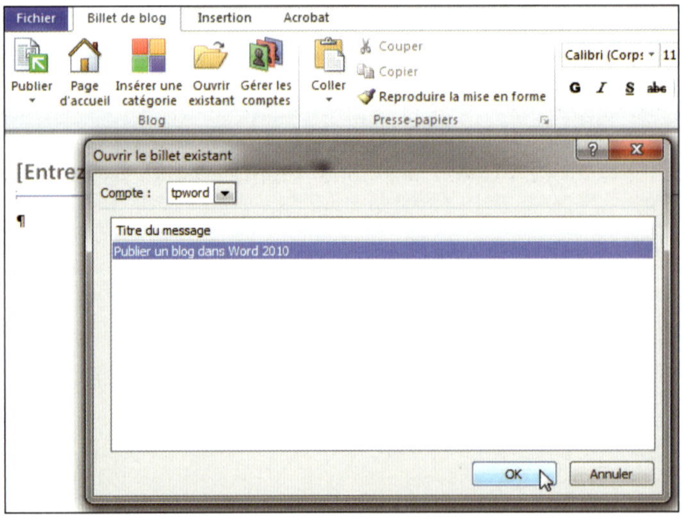

Impression et publipostage

Cette partie présente les diverses procédures de publipostage pour imprimer des invitations en nombre, des enveloppes, des étiquettes ou toute autre série de documents générée à partir de listes.

Vous découvrirez enfin un mode d'impression un peu particulier : l'impression en livret.

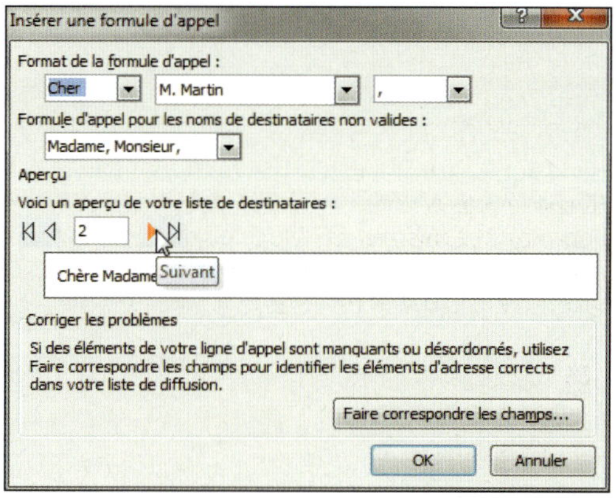

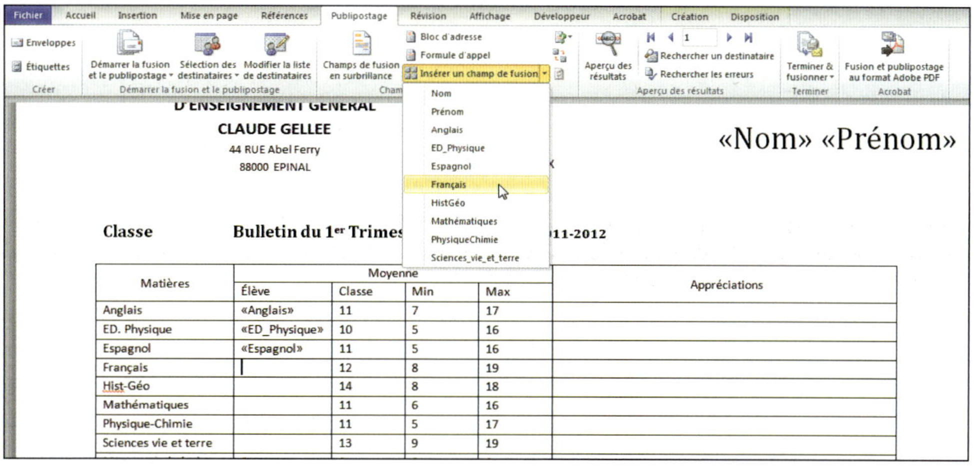

Un TP, disponible sur www.dunod.com, explique comment enregistrer un raccourci clavier.

TP 31

Imprimer un livret

Avec Word, l'impression d'un livret consiste à imprimer un document à raison de deux pages sur chaque page d'une feuille A4, en recto verso manuel ou automatique, de sorte qu'une fois pliées en deux, les feuilles reliées présentent les pages du document dans l'ordre. Il est préférable de choisir ce mode d'impression dès la création du document. Si vous voulez imprimer ainsi un document existant, vérifiez sa mise en page car il est possible que vous ayez besoin de repositionner certains éléments.

Prérequis : aucun
Fichier employé : aucun
Temps de réalisation : 5 minutes

1 Ouvrez un document vide. Cliquez sur le lanceur de boîte de dialogue Mise en page du ruban Mise en page, puis sur l'onglet Marges. Dans la liste Afficher plusieurs pages, sélectionnez Disposition livre. Si le document n'est pas configuré en orientation paysage, Microsoft Word lui affecte cette orientation.

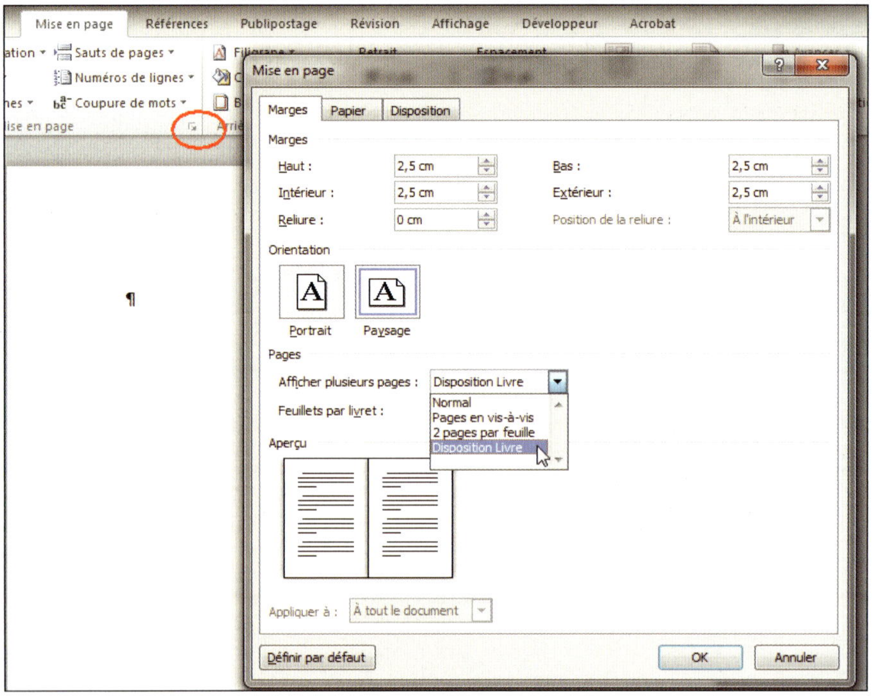

2 Dans les zones Intérieur et Extérieur, saisissez la largeur que vous souhaitez affecter aux marges intérieure et extérieure. Inutile d'augmenter la taille de la marge intérieure pour tenir compte de la reliure, saisissez simplement la valeur à ajouter dans la zone Reliure. Dans la liste Feuillets par livret, sélectionnez le nombre de pages que doit comporter chaque livret. Si le nombre de pages du document dépasse celui que vous avez choisi pour un livret, Word imprime le document en plusieurs livrets.

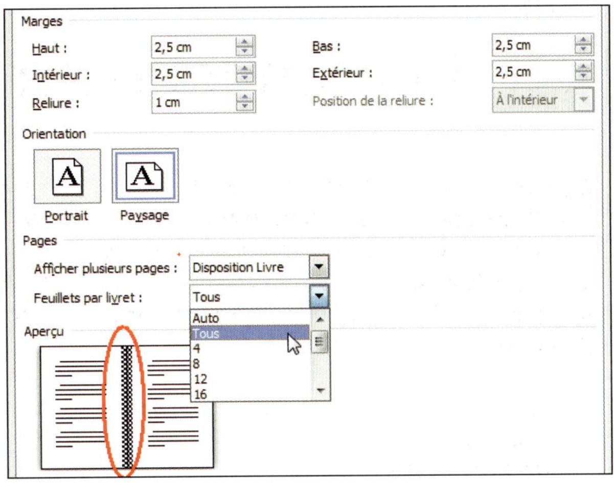

3 Au moment d'imprimer, cliquez sur l'onglet Fichier puis sur Imprimer. Dans la boîte de dialogue Imprimer, définissez les options nécessaires à une impression sur les deux côtés du papier. Si votre imprimante est recto verso, sélectionnez les options souhaitées dans les propriétés de l'imprimante. Sinon, activez la case à cocher Impression recto verso. Word imprime toutes les pages qui se trouvent d'un côté du papier, puis vous invite à retourner la pile et à réinsérer les feuilles.

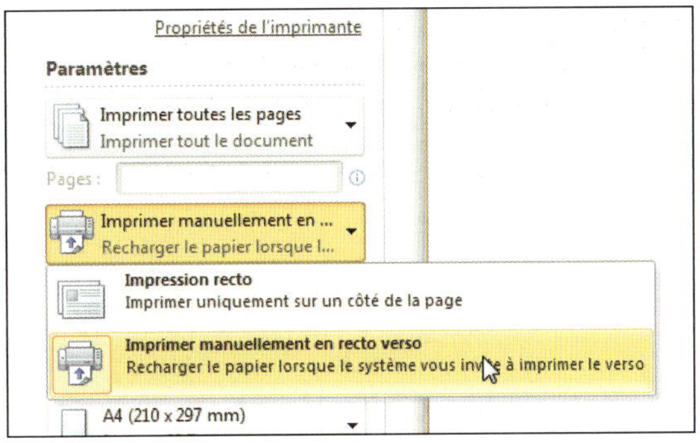

4 Sélectionnez l'étendue de page que vous souhaitez imprimer. Si vous cliquez sur Page en cours (ou imprimer la page active), Word imprime la page indiquée ainsi que les trois autres pages appartenant à la même feuille de papier. Si vous choisissez d'imprimer la sélection, Word imprime votre sélection mais en utilisant la mise en page par défaut au lieu de la mise en page en livret.

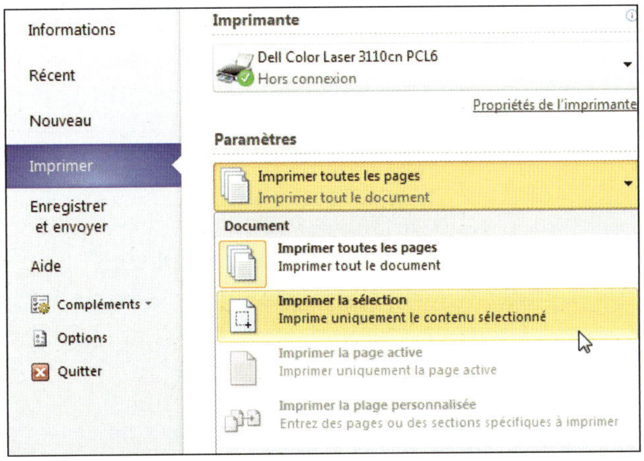

TP 32

Publipostage : lancer des invitations à partir d'une liste de contacts

À l'aire du tout numérique, nous disposons tous de listes de contacts sur notre ordinateur ou dans notre téléphone portable. Pour effectuer un publipostage, deux éléments sont nécessaires : le document principal, c'est-à-dire la lettre ou le message que va recevoir chaque destinataire, et une source de données, c'est-à-dire une liste de noms et d'adresses des personnes à qui envoyer le document. Ces listes étant gérées dans des applications de messagerie ou de type carnet d'adresses, vous devez utiliser les fonctions de sauvegarde ou d'exportation de ces applications pour obtenir votre liste de publipostage.

Prérequis : aucun
Fichier employé : liste-publipostage.xls et lettre-publipostage.docx
Temps de réalisation : 30 minutes

1 Commencez par préparer la liste des destinataires du publipostage. Il peut s'agir d'un tableau Word, d'un tableau Excel, d'un fichier Access, ou d'un simple fichier texte du moment que chaque ligne représente un contact, et que les différents éléments d'information du contact sont séparés par un caractère spécifique (virgule, point-virgule, tabulation, etc.). Si vous devez créer cette liste de A à Z, faites-le de préférence dans Excel (le fichier liste-publipostage.xls est fourni en exemple).

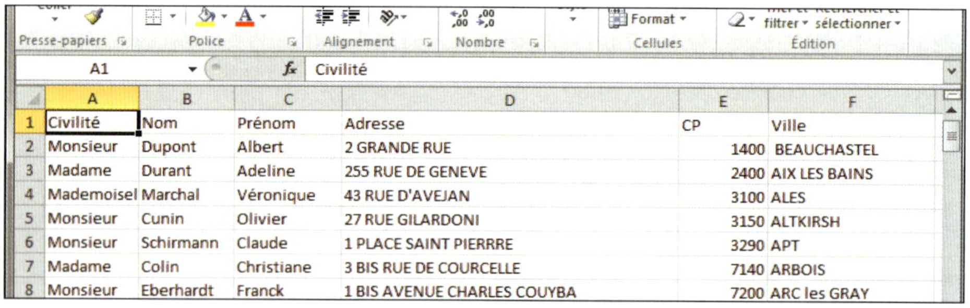

	A	B	C	D	E	F
1	Civilité	Nom	Prénom	Adresse	CP	Ville
2	Monsieur	Dupont	Albert	2 GRANDE RUE	1400	BEAUCHASTEL
3	Madame	Durant	Adeline	255 RUE DE GENEVE	2400	AIX LES BAINS
4	Mademoisel	Marchal	Véronique	43 RUE D'AVEJAN	3100	ALES
5	Monsieur	Cunin	Olivier	27 RUE GILARDONI	3150	ALTKIRSH
6	Monsieur	Schirmann	Claude	1 PLACE SAINT PIERRRE	3290	APT
7	Madame	Colin	Christiane	3 BIS RUE DE COURCELLE	7140	ARBOIS
8	Monsieur	Eberhardt	Franck	1 BIS AVENUE CHARLES COUYBA	7200	ARC les GRAY

2 Créez et sauvegardez la lettre d'invitation contenant l'information qui sera identique dans toutes les lettres. Réservez de la place pour le nom et l'adresse du destinataire au niveau de la fenêtre de l'enveloppe (le modèle lettre-publipostage.docx est fourni en exemple).

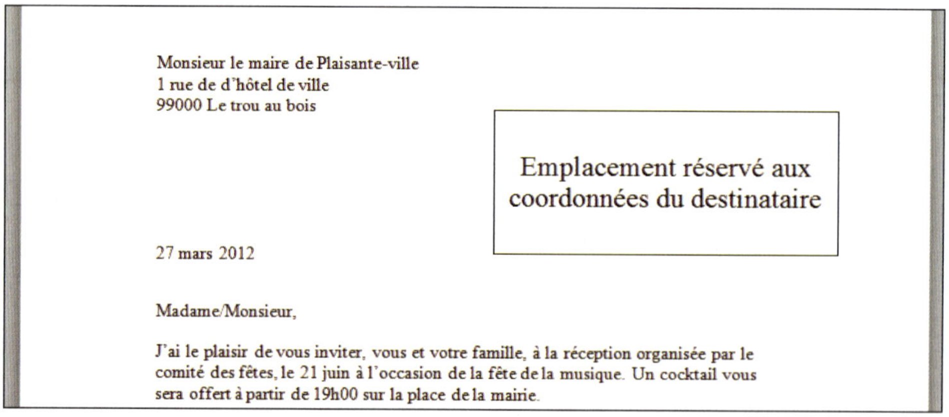

Monsieur le maire de Plaisante-ville
1 rue de d'hôtel de ville
99000 Le trou au bois

Emplacement réservé aux coordonnées du destinataire

27 mars 2012

Madame/Monsieur,

J'ai le plaisir de vous inviter, vous et votre famille, à la réception organisée par le comité des fêtes, le 21 juin à l'occasion de la fête de la musique. Un cocktail vous sera offert à partir de 19h00 sur la place de la mairie.

3 Sur le ruban Publipostage, cliquez sur le bouton Sélection des destinataires. Cliquez sur Utiliser la liste existante, localisez la liste que vous avez préparée (ou le fichier liste-publipostage.xls) puis cliquez sur Ouvrir. Si votre liste Contacts Outlook contient des informations complètes et mises à jour, c'est un fichier de données parfait. Cliquez simplement sur Sélectionner à partir des contacts Outlook, puis choisissez votre dossier Contacts. Dans la boîte de dialogue Sélectionner le tableau qui apparaît, cliquez simplement sur OK (la liste se trouve sur la Feuil1 du classeur).

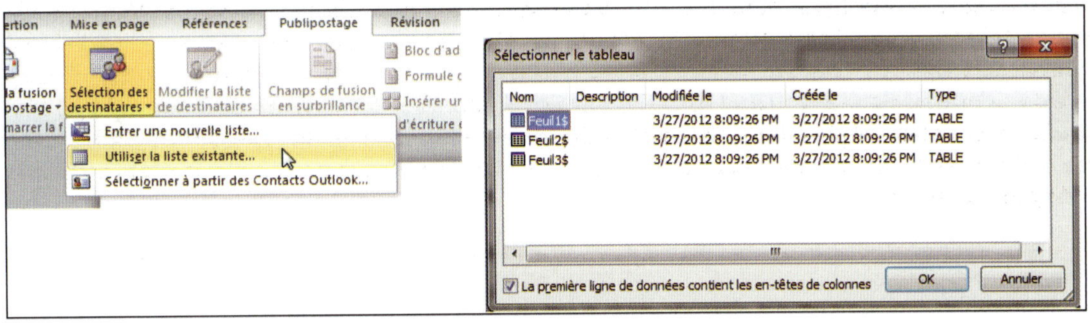

4 Notez que tous les boutons qui apparaissaient précédemment en grisé sont maintenant actifs. Cliquez sur le bouton Modifier la liste de destinataires pour vérifier votre liste et éventuellement trier les destinataires. La boîte de dialogue Fusion et publipostage : Destinataires s'ouvre. Elle offre plusieurs possibilités de sélection. Vous pouvez trier les enregistrements d'une colonne dans l'ordre croissant ou décroissant en cliquant sur l'en-tête de cette colonne. Vous pouvez supprimer une coche devant la colonne Nom pour désactiver le destinataire correspondant.

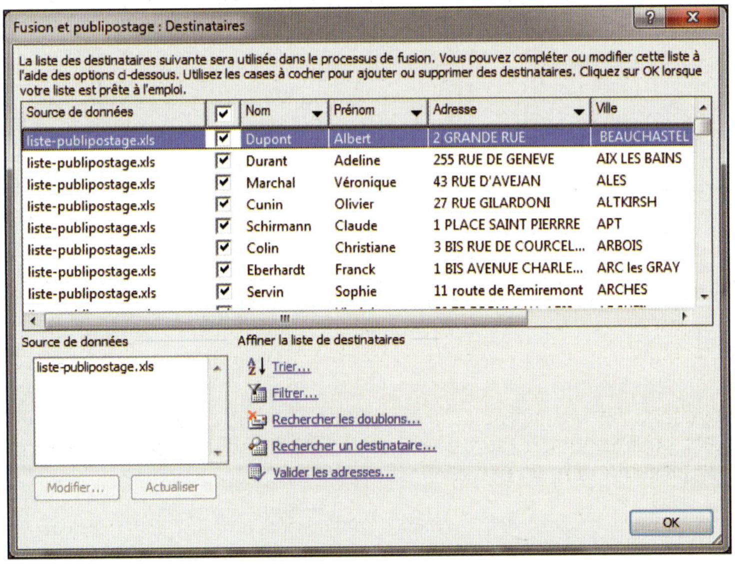

5 Vous pouvez « filtrer » la liste, c'est-à-dire ne conserver que certaines catégories de destinataires, en cliquant sur la flèche à côté de l'en-tête de colonne contenant la valeur sur laquelle vous voulez appliquer le filtre. Si vous cliquez sur la flèche de la colonne Civilité, par exemple, et que vous cliquez sur Monsieur (voir ci-dessous), la liste va se limiter à tous les messieurs. Sélectionnez de nouveau Tout pour n'exclure personne.

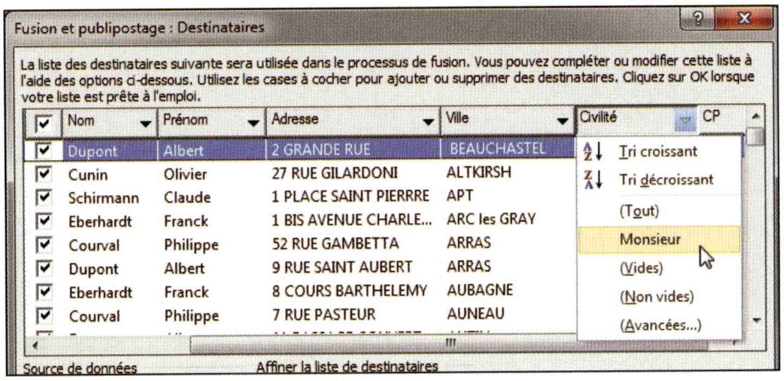

6 Pour appliquer un filtre plus élaboré, choisissez la dernière option de la liste (Avancées…). Dans la boîte de dialogue Filtrer et trier, vous allez construire le filtre en choisissant les critères ligne par ligne. Dans la boîte de dialogue présentée ci-dessous, par exemple, nous choisissons uniquement les messieurs et les dames (les demoiselles sont exclues) qui habitent rue Foch. Ne vous trompez pas en choisissant ET/OU devant chaque ligne. Cliquez sur OK quand tous les critères sont enregistrés puis vérifiez que la liste obtenue est correcte.

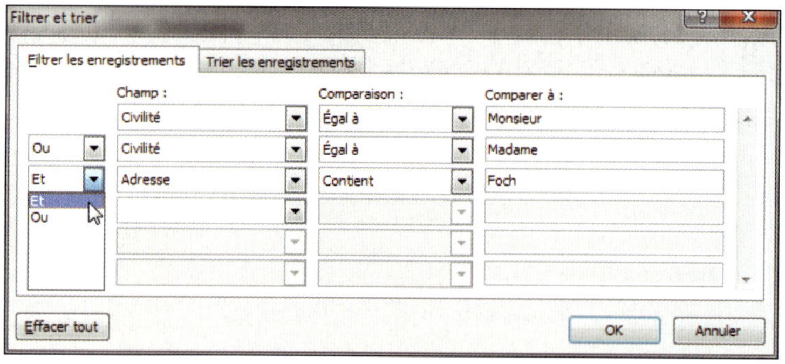

7 Vous devez maintenant insérer dans la lettre les différentes informations en provenance de la liste. Cliquez à l'emplacement prévu pour le bloc adresse (affichez les caractères masqués pour visualiser les lignes vides) puis sur le bouton Bloc d'adresse du ruban Publipostage. Dans la boîte de dialogue Insertion du bloc d'adresse, choisissez à gauche le format pour le nom du destinataire en observant le résultat à droite. Attention, si le bloc ne s'affiche pas correctement (comme ci-dessous, il manque la civilité et le code postal), c'est parce que Word n'a pas correctement interprété les en-têtes de colonne.

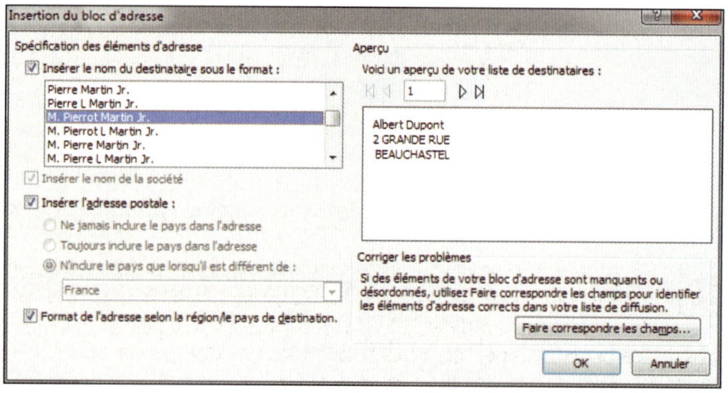

8 Dans ce cas, il faut lui expliquer quelles colonnes font partie de l'adresse et à quel niveau. Cliquez sur le bouton Faire correspondre les champs (à droite). Dans la colonne de droite, cliquez sur la flèche de chaque élément mal positionné puis choisissez l'intitulé approprié dans votre liste. CP, par exemple, doit apparaître en face de Code postal, et Civilité en face de Titre.

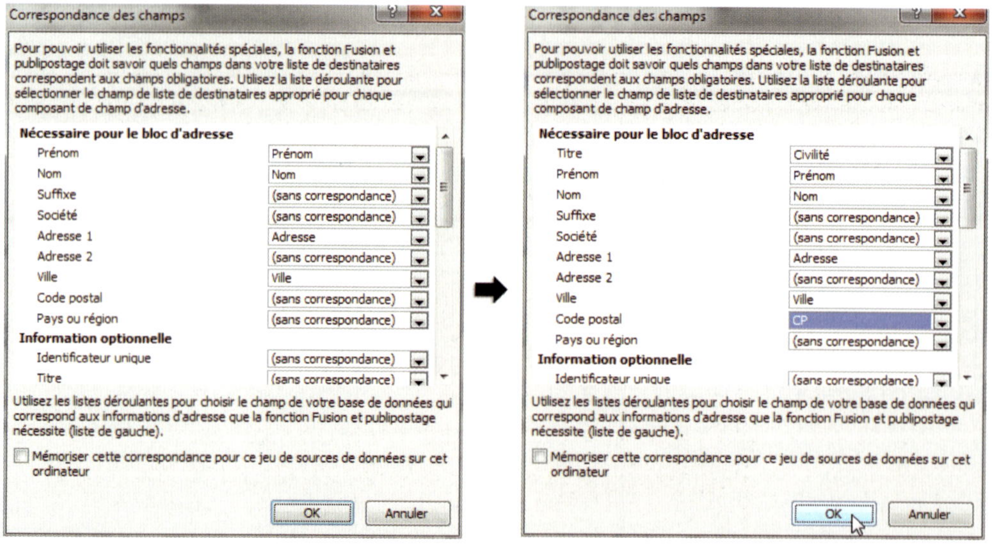

9 Vérifiez dès à présent le résultat de l'insertion de ce bloc en cliquant sur le bouton Aperçu des résultats. Le champ « Bloc Adresse » est alors remplacé par le bloc d'adresse du premier enregistrement de la liste. Cliquez sur les flèches Suivant ou Précédent du même groupe de commandes pour afficher le résultat avec les enregistrements suivant/précédent de la liste. Vous pouvez très bien continuer le publipostage en mode aperçu.

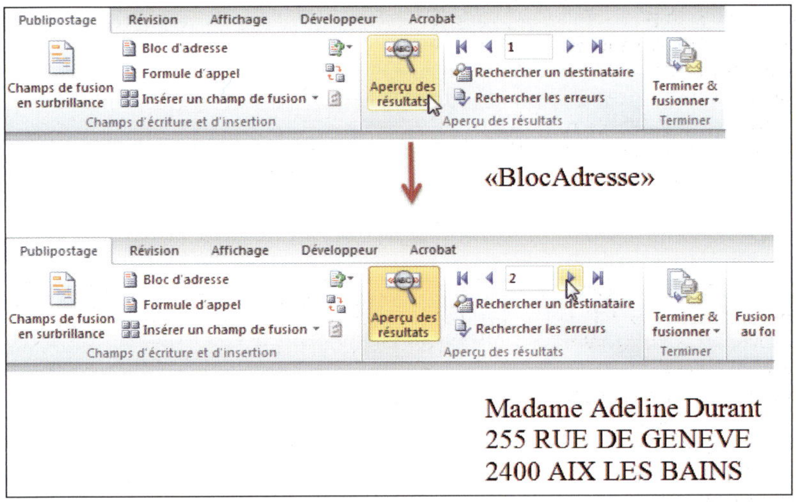

10 En général, une lettre débute avec une « formule d'appel » du type « Cher Monsieur… ». Si vos informations comportent une colonne avec la civilité, Word est capable d'interpréter ces informations et d'adapter l'orthographe de Cher. Cliquez dans la lettre à l'emplacement prévu pour la formule d'appel (supprimez le Madame/monsieur dans lettre-publipostage) et cliquez sur Formule d'appel dans le ruban Publipostage. Avec Word 2007, exécutez les étapes 15 et 16 pour insérer Cher ou Chère.

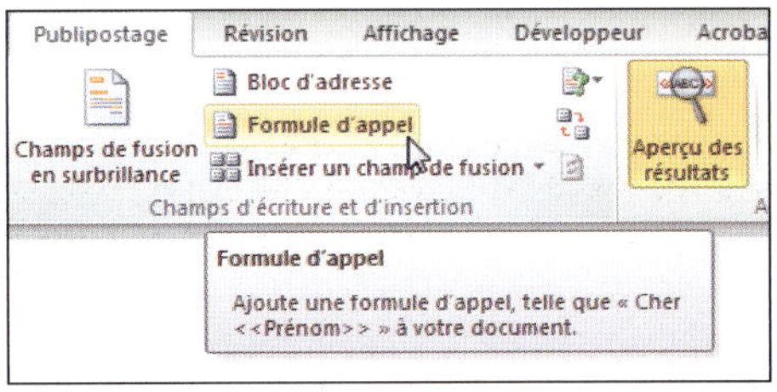

11 Choisissez le format de cette formule dans la première ligne de la boîte de dialogue Insérer une formule d'appel, choisissez le format des entrées pour lesquelles Word n'aura pas reconnu la civilité puis vérifiez quelques entrées en cliquant sur le triangle Suivant de la section Aperçu.

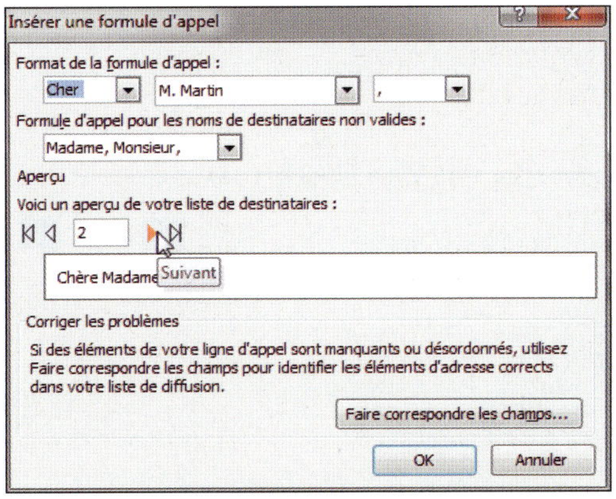

12 Si d'autres parties de la lettre doivent comporter ponctuellement des informations en provenance de la liste, cliquez à l'emplacement voulu dans le texte puis cliquez sur la flèche du menu Insérer un champ de fusion. Choisissez l'élément en question puis cliquez sur Insérer. Dans la phrase de salutation de notre lettre, par exemple, supprimez « Madame, Monsieur » puis insérez la civilité, suivie d'un espace, puis du nom.

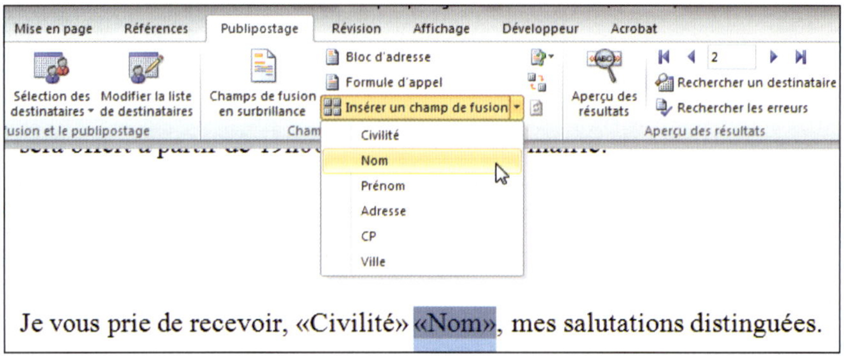

13 Cliquez sur Aperçu des résultats si vous étiez revenu en mode champ. Si vous préférez continuer à travailler dans ce mode, vous pouvez cliquer sur le bouton Champs de fusion en surbrillance pour que les champs insérés soient facilement repérables dans le document.

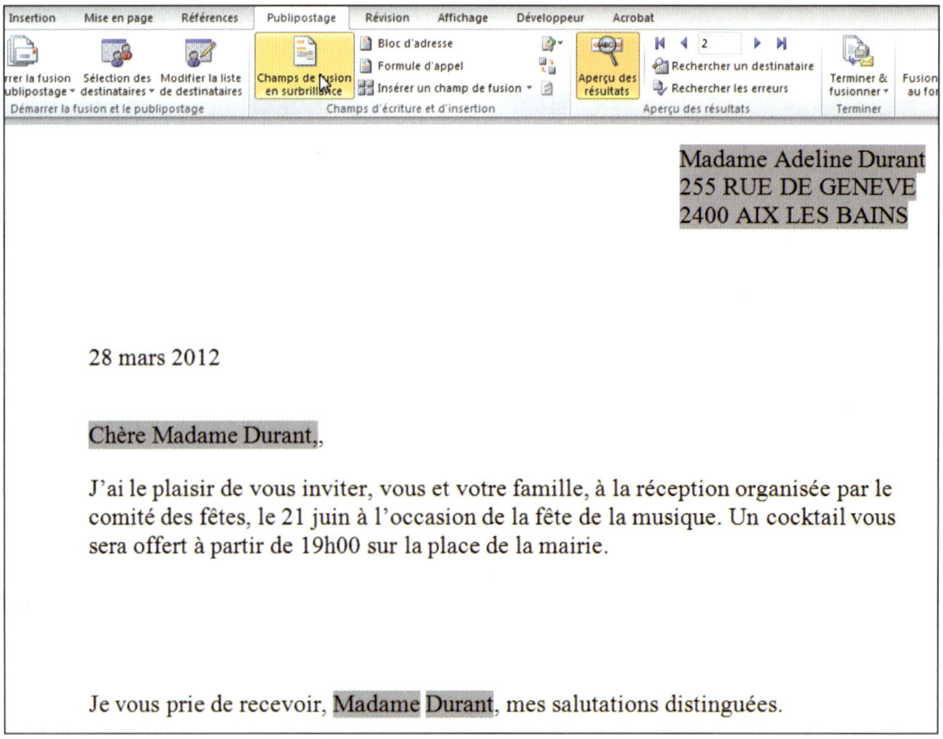

14 Si vous savez qu'un destinataire particulier risque de ne pas être correctement affiché et que la liste des contacts est longue, cliquez sur le bouton Rechercher un destinataire, saisissez un élément qui le caractérise dans le champ Rechercher, cochez la case Ce champ puis sélectionnez le champ contenant la référence précédente.

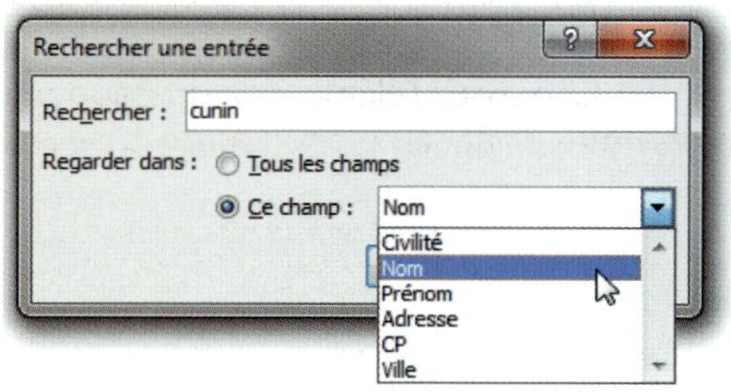

15 Dans certains cas, on peut vouloir insérer une phrase seulement si une condition est vraie, et une autre phrase ou rien du tout dans le cas contraire. Dans notre lettre, par exemple, nous pourrions rajouter une phrase différente selon que le destinataire est un homme ou une femme. Saisissez la partie de la phrase « fixe », positionnez le pointeur à l'emplacement de la partie « variable » puis cliquez sur le bouton Règle et choisissez Si… Alors… Sinon.

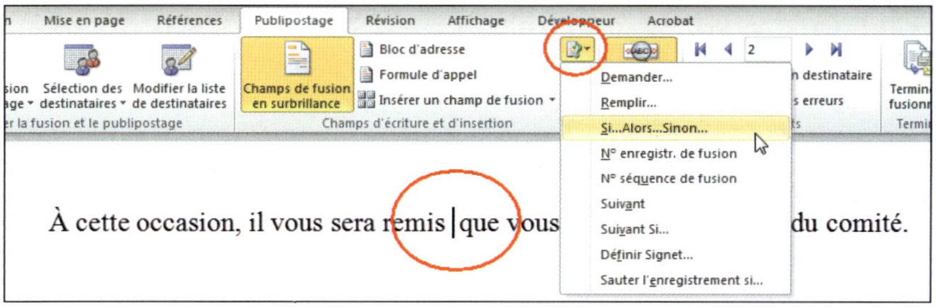

16 Choisissez dans la première liste le nom du champ sur lequel s'applique le test, sélectionnez un élément de comparaison dans la seconde puis saisissez dans le champ texte à droite la valeur de comparaison. Attention : il faut que cette valeur soit absolument identique à celle qui est enregistrée dans la liste pour que la comparaison soit positive ! Si dans certaines cellules du tableau, par exemple, la civilité est suivie d'un simple espace, elle ne sera pas égale à celle saisie dans le champ Comparer avec. « Monsieur » suivi d'un espace est différent de « Monsieur » tout court. C'est de l'informatique !

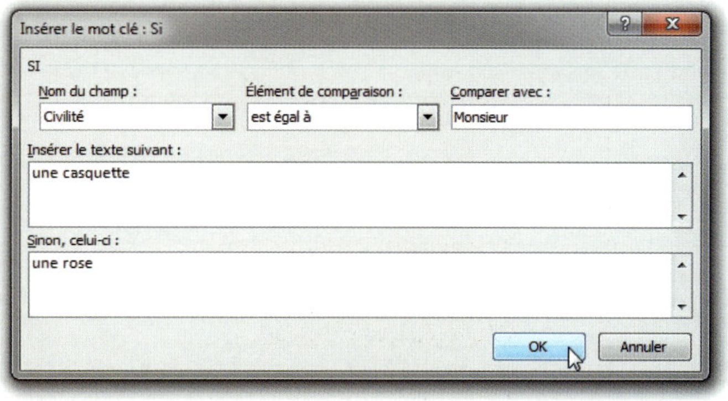

17 Saisissez ensuite le texte à insérer si la condition est vraie (une casquette pour les messieurs) et dans le dernier champ, le texte à insérer dans tous les autres cas (une rose pour les dames et demoiselles). Cliquez sur OK et balayez plusieurs enregistrements en cliquant sur les flèches Suivant/précédent pour vérifier la pertinence des insertions.

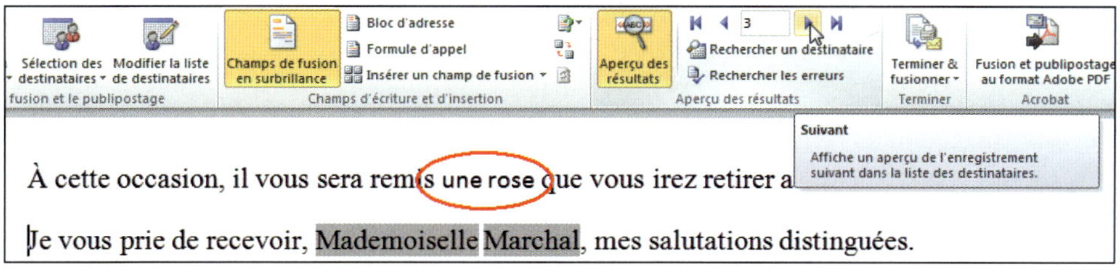

18 Quand le document vous semble correct en mode Aperçu des résultats, il est temps de lancer la fusion, c'est-à-dire de générer l'ensemble des documents personnalisés avec chaque élément de la liste. Cliquez sur Terminer et fusionner puis choisissez une des trois options : cliquez sur Modifier des documents individuels pour afficher dans Word l'ensemble des lettres générées. Une boîte de dialogue intermédiaire vous offre la possibilité de ne fusionner qu'une partie des documents. Cliquez simplement sur OK pour tout fusionner. Cette première option est la plus prudente car elle permet de parcourir une dernière fois les lettres générées et de modifier éventuellement certaines d'entre elles dans le cas où le destinataire présente une particularité. Il suffit ensuite de cliquer sur l'option Imprimer de l'onglet Fichier pour lancer l'impression de l'ensemble des documents.

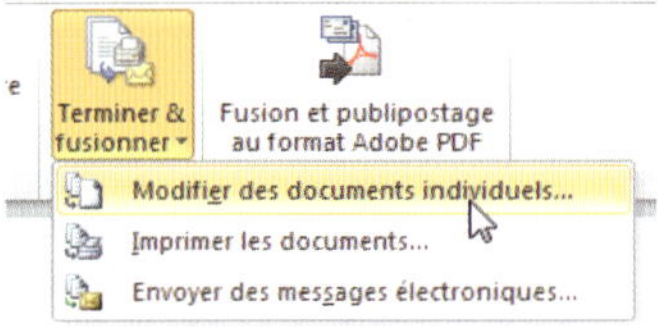

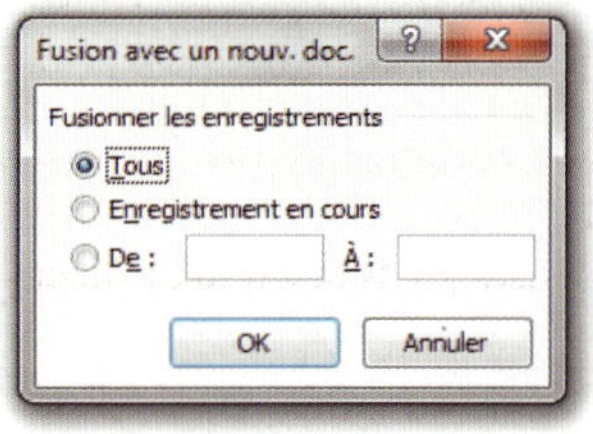

19 Si vous cliquez sur Imprimer les documents, ces derniers sont fusionnés et directement transmis à l'imprimante, sans s'afficher à l'écran. Enfin, si vous choisissez la commande Envoyer des messages électronique, il faut évidemment que votre liste comporte une colonne adresse de messagerie. Dans ce cas, dans le champ À, sélectionnez la colonne contenant l'adresse électronique. Dans le champ Ligne Objet, saisissez l'objet que chaque destinataire verra apparaître à réception du courrier électronique. Dans la liste Format des messages, vous pouvez choisir Pièce jointe pour que le document soit transmis de cette façon et ne s'affiche comme message. L'option HTML transmet le document en message tel qu'il se présente dans Word.

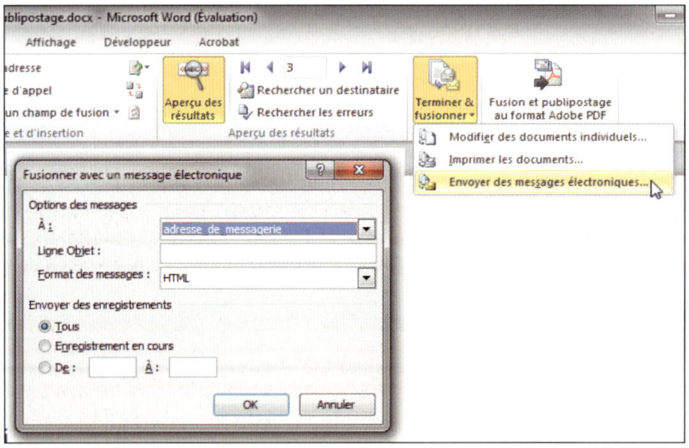

20 Si vous prévoyez de réutiliser ce document de publipostage, enregistrez-le. Vous conservez ainsi sa connexion à la liste des destinataires. Lorsque vous rouvrirez le document, un message vous demandera si vous souhaitez vous connecter à la même liste (Si vous aviez cliqué sur Modifier des documents individuels, vous pouvez également enregistrer l'ensemble des documents générés dans un seul fichier, mais il risque d'être volumineux).

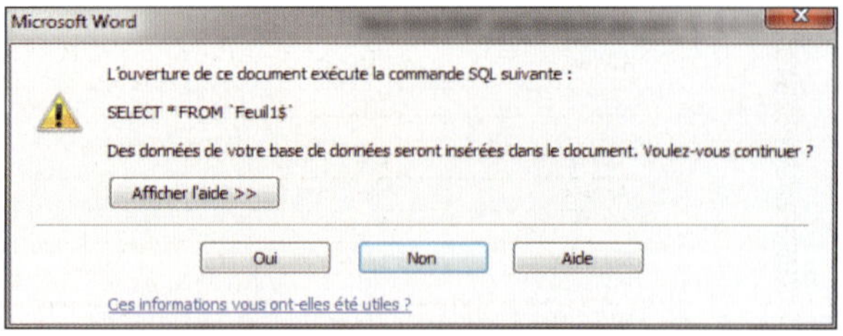

TP 33 Imprimer les bulletins de notes de toute une classe

Vous l'avez compris, le publipostage n'est pas uniquement destiné à remplir la partie destinataire des lettres d'un envoi en nombre. Il permet de générer X fois le même document, chaque document étant rempli avec les données extraites d'une ligne d'une source de donnée (tableau Excel, tableau Word, fichier texte, etc.). Dans ce TP, nous allons éditer les bulletins de notes d'une classe à partir du tableau d'enregistrement des notes des élèves.

Prérequis : TP32
Fichier employé : liste-publipostage.xls et Bulletin-02.docx
Temps de réalisation : 20 minutes

1 Ouvrez le document Bulletin-02.docx puis activez le ruban Publipostage. Cliquez sur Sélection des destinataires, localisez le fichier Liste-publipostage, double-cliquez dessus puis sélectionnez la feuille intitulée Notes$. Cliquez sur OK.

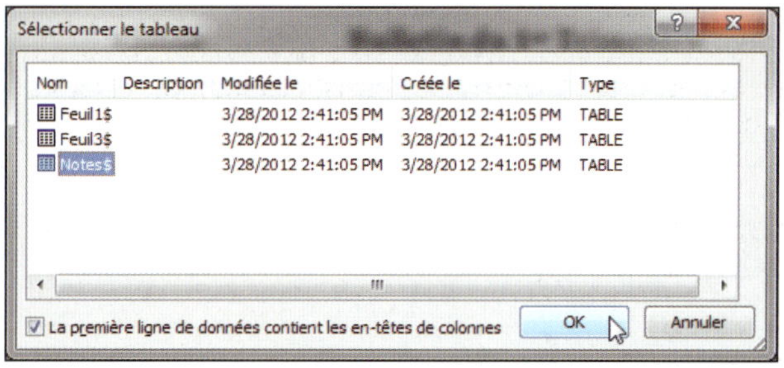

2 Effacez « Nom de l'élève », et insérez les champs « Nom » et « Prénom » comme expliqué au TP précédent. Cliquez ensuite dans les différentes cases de moyenne de l'élève et insérez à chaque fois le champ de la matière correspondante. Les colonnes des moyennes de la classe, minimum et maximum ont été remplies à la main puisqu'elles font partie des données fixes. Insérez aussi le champ « date_de_naissance » à l'emplacement prévu.

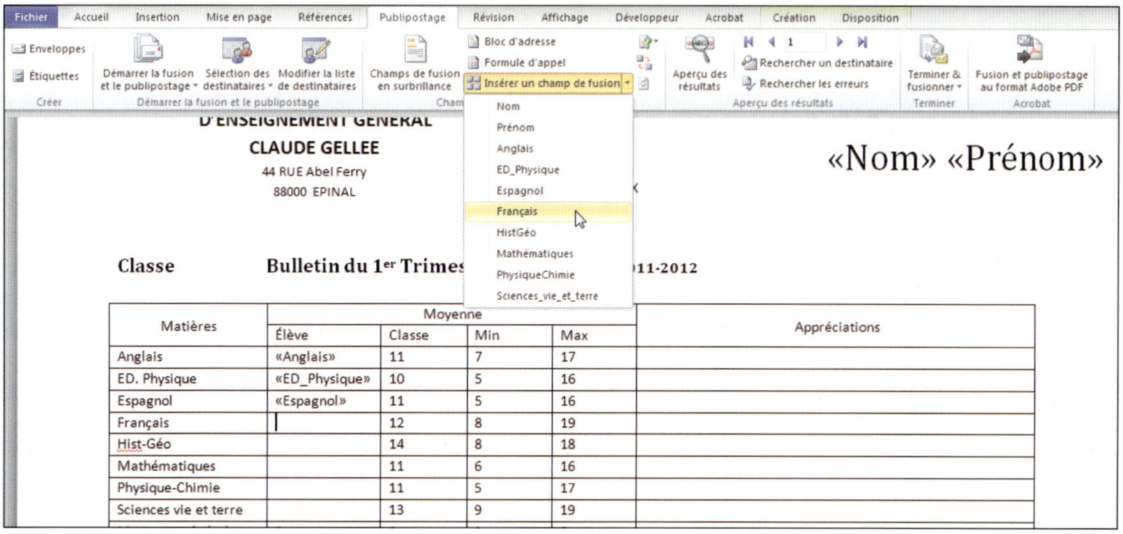

3 Le bulletin de notes est rempli, il ne reste plus qu'à calculer les moyennes. Cliquez dans la case de la moyenne générale de l'élève puis sur le bouton Formule du ruban Disposition (Outils de tableau). Par défaut, la boîte de dialogue Formule propose d'effectuer une somme (SUM()) de toutes les valeurs situées au-dessus (ABOVE) de la cellule. Remplacez SUM par AVERAGE (moyenne en anglais).

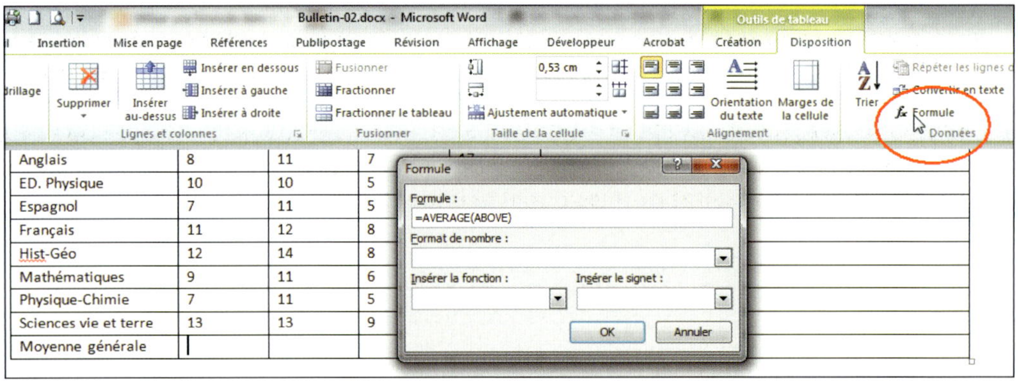

4 Cliquez sur OK puis copiez et collez cette formule dans les trois cases suivantes. Dans Word, le résultat d'une formule est calculé lorsqu'elle est insérée, et à l'ouverture du document contenant la formule. Les formules copiées continuent par conséquent de présenter le résultat du premier calcul, la moyenne de l'élève. Pour mettre à jour ces résultats, cliquez-droit dessus et choisissez Mettre à jour les champs (ou appuyez sur F9).

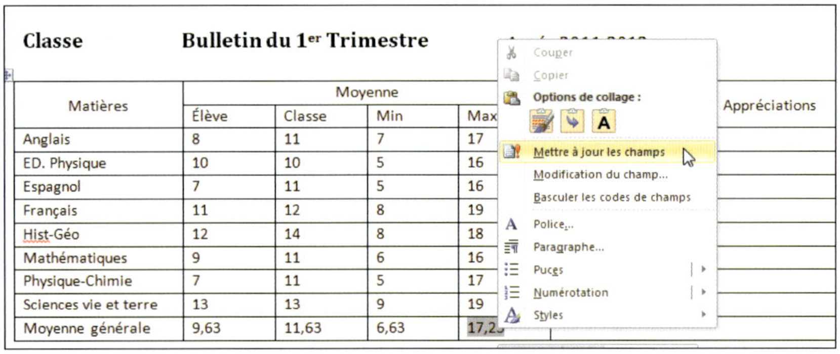

5 Avant de lancer l'impression des bulletins, cliquez sur le bouton Modifier la liste des destinataires puis décochez les trois dernières lignes correspondant aux moyennes de la classe, aux moyennes les plus fortes et aux moyennes les plus faibles.

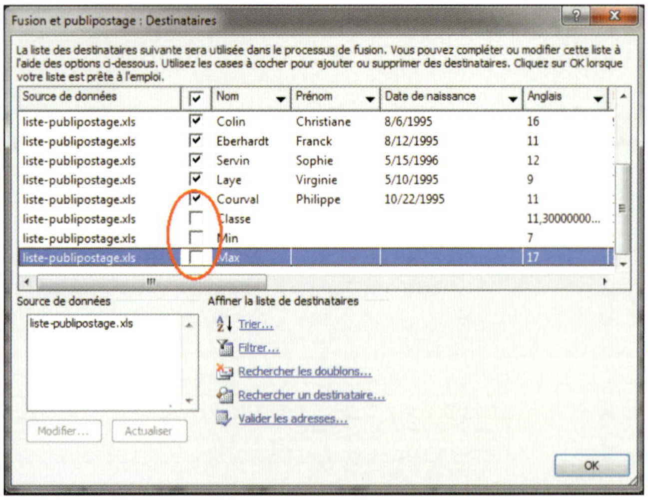

TP 34 Imprimer des enveloppes à partir d'une liste d'adresses

Si vous avez compris comment générer vos lettres types, l'impression des enveloppes sera un jeu d'enfant. Si les lettres envoyées sont toutes identiques ou que l'insertion d'un encadré destinataire nuit à leur esthétique, il est préférable d'imprimer les enveloppes (ou les étiquettes comme cela sera expliqué dans le prochain TP). Par ailleurs, cela permet d'insérer un espace expéditeur, de choisir le positionnement des adresses, une jolie police, et vous accédez directement à votre carnet d'adresses. Vous obtenez un résultat professionnel et impeccable.

Prérequis : TP32
Fichier employé : liste-publipostage.xls
Temps de réalisation : 10 minutes

1 Ouvrez un nouveau document et sur le ruban Publipostage, cliquez sur Démarrer la fusion et le publipostage et choisissez Enveloppes. La boîte de dialogue Options pour les enveloppes s'ouvre : choisissez la taille d'enveloppe appropriée dans la première liste déroulante ainsi que les options d'impression. Vous pouvez enregistrer ici votre choix de police en cliquant sur les boutons Police mais vous pourrez aussi le faire par la suite dans le document.

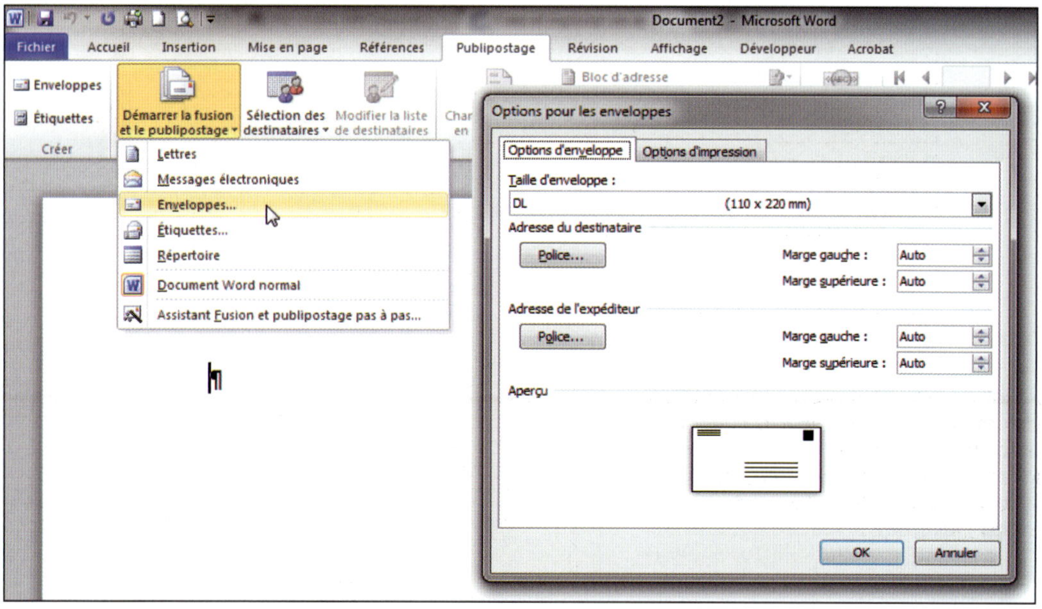

2 Dans l'enveloppe vide qui apparaît, saisissez éventuellement l'adresse de l'expéditeur en cliquant dans le coin supérieur gauche. Si vous ne voyez pas apparaître l'emplacement des paragraphes, cliquez sur Afficher tout sur le ruban Accueil pour visualiser les caractères masqués. Sélectionnez le texte puis une police si le style par défaut vous paraît austère.

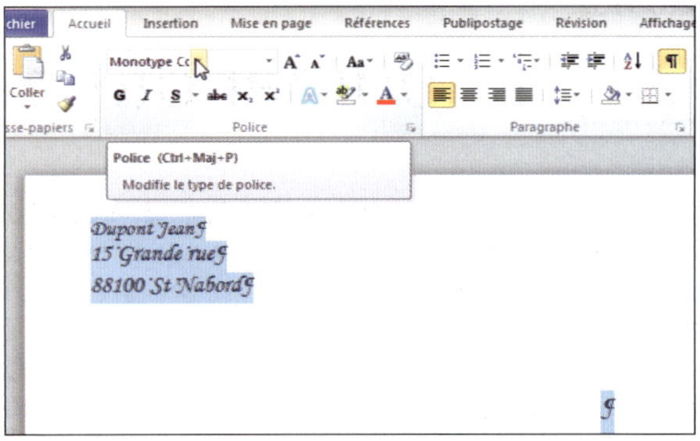

3 Vous pouvez imprimer tout ce que vous voulez sur l'enveloppe, vous pouvez donc insérer un logo ou un clipart en relation avec votre activité ou le thème de l'invitation. Cliquez sur le bouton Images Clipart du ruban Insertion puis saisissez un thème dans le champ Rechercher. Cliquez sur OK (sinon rien ne s'affiche). Parcourez les images proposées et cliquez simplement sur celle de votre choix. Redimensionnez-la et repositionnez-la sur l'enveloppe.

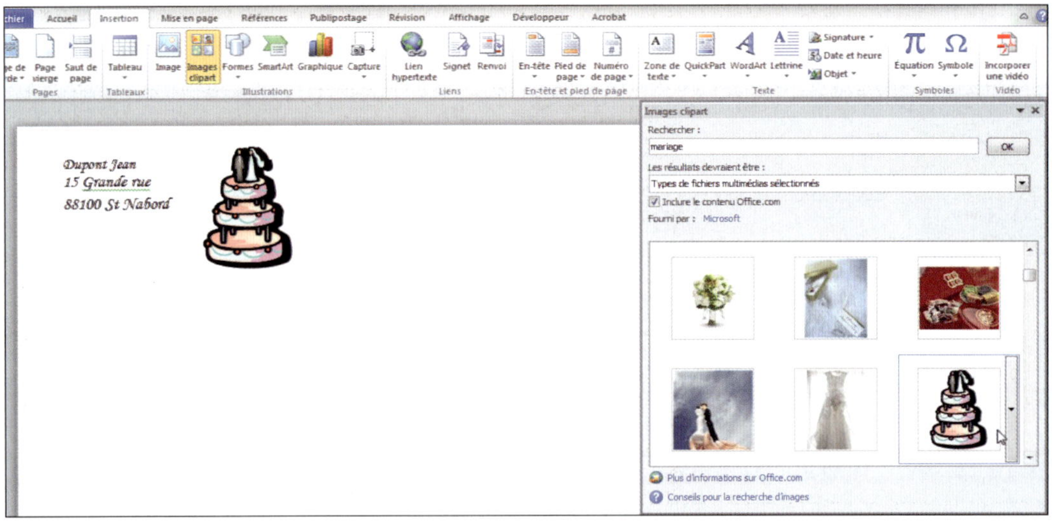

4 Sur le ruban Publipostage, cliquez sur Sélection des destinataires et procédez comme pour les lettres type pour sélectionner la liste des destinataires. Cliquez à l'emplacement de l'adresse sur l'enveloppe puis sur Bloc d'adresse dans le ruban Publipostage (ou Insérez les champs de fusion un par un). Cliquez sur Faire correspondre les champs pour adapter les champs de la source aux informations à mettre en place si le bloc d'adresse ne s'affiche pas correctement.

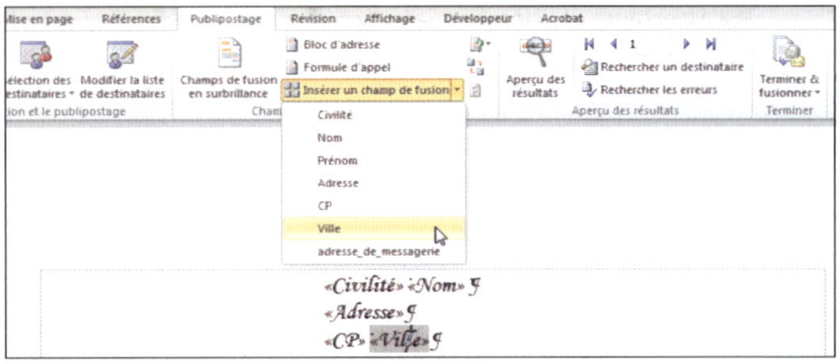

5 Cliquez sur Aperçu des résultats puis sur le bouton Terminer et fusionner, Modifier des documents individuels. Vérifiez vos enveloppes avant d'imprimer.

TP 35 Imprimer des étiquettes

Le processus d'impression des étiquettes est très proche de celui qui consiste à imprimer des lettres ou des enveloppes. La différence est que, dans ce dernier cas, il y a génération d'une page pour imprimer les données de chaque enregistrement spécifique alors qu'avec les étiquettes, le passage à l'enregistrement suivant se traduit par un passage à l'étiquette suivante. Ce TP explique comment imprimer non seulement les éléments d'une liste dans des étiquettes mais également une page d'étiquettes identiques.

Prérequis : aucun
Fichier employé : bibliographie.docx
Temps de réalisation : 10 minutes

1 Ouvrez un nouveau document et activez le ruban Publipostage. Cliquez sur Démarrer la fusion et le publipostage et choisissez Étiquettes. Dans la boîte de dialogue Options pour les étiquettes, sélectionnez le type d'imprimante, le fournisseur des étiquettes (ci-dessous la marque APPLI) et le numéro de référence (le format) des étiquettes de ce fournisseur (indiqué sur la boîte). Vérifiez dans la description à droite que la taille indiquée est correcte.

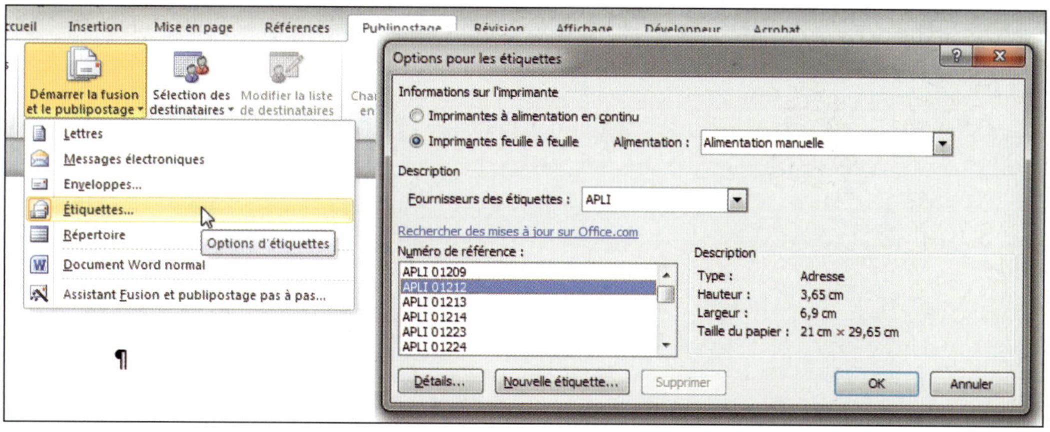

2 Les étiquettes vides apparaissent dans le document Word. Si vous ne voyez pas apparaître le quadrillage, sélectionnez l'onglet Disposition sous Outils de tableau puis cliquez sur Afficher le quadrillage (à gauche). Sur le ruban Publipostage, cliquez sur Sélection des destinataires et procédez comme pour les lettres types pour sélectionner votre liste (qui n'est pas forcément une liste de destinataires !). Vous pouvez utiliser la liste fournie en exemple pour tester (bibliographie.docx). Cliquez sur Insérer un champ de fusion et remplissez **la première étiquette** avec les informations requises.

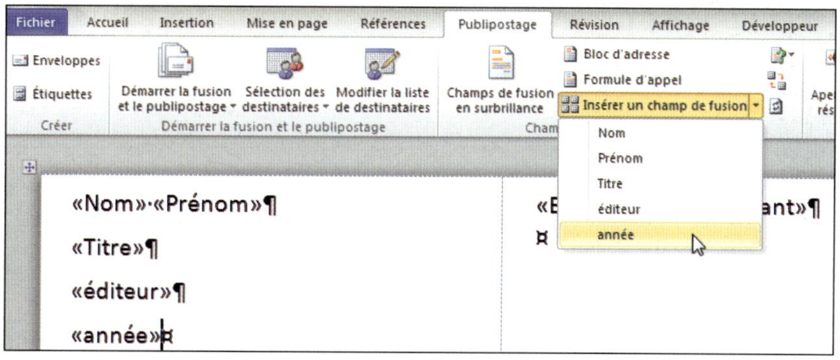

3 Cliquez sur le bouton Aperçu des résultats pour vérifier l'aspect de la première étiquette. Important, il faut ensuite cliquer sur le bouton Mettre à jour les étiquettes. Une boîte de dialogue s'affiche si certaines étiquettes présentent des défauts. Corrigez-les puis cliquez sur le bouton Terminer et fusionner, Modifier des documents individuels. Vérifiez toujours vos étiquettes une dernière fois avant d'imprimer.

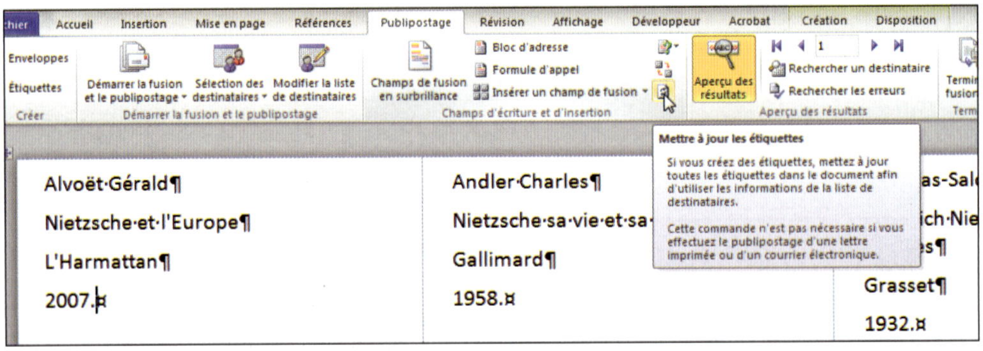

4 Pour imprimer une planche d'étiquettes identiques, ouvrez un nouveau document et cliquez sur le bouton Étiquettes du ruban Publipostage. Dans la boîte de dialogue Enveloppes et étiquettes, cochez la case Page d'étiquettes identiques puis saisissez le texte dans la zone Adresse. Pour appliquer une mise en forme, sélectionnez le texte puis cliquez-droit et choisissez Police ou Paragraphe. Cliquez sur Options pour choisir le format d'étiquette puis sur OK pour fermer la boîte de dialogue. Cliquez sur le bouton Imprimer pour imprimer directement la planche d'étiquettes ou sur le bouton Nouveau document pour visualiser la planche dans Word avant d'imprimer.

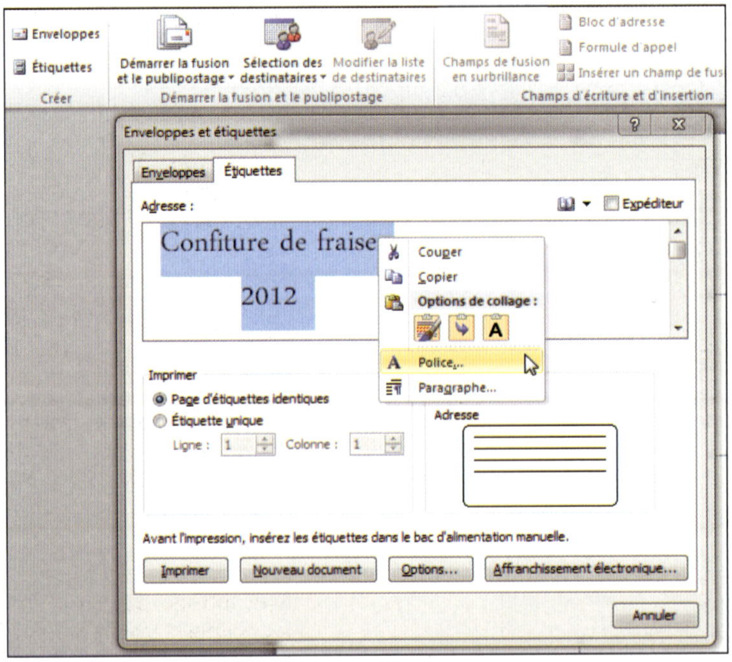

Index

57817-(I)-(2)-CSB 115° ARC-API
Dépôt légal : juillet 2012
Imprimé en France par I.M.E. - 25110 Baume-les-Dames